传统农区工业化与社会转型丛书

传统农区工业化与社会转型丛书
丛书主编／耿明斋

中国农产品期货市场发展路径研究

蔡胜勋 ◇著

Research on Development Path of China's Agricultural Future Market

社会科学文献出版社
SOCIAL SCIENCES ACADEMIC PRESS (CHINA)

总 序

　　如果不考虑以渔猎、采集为生的蒙昧状态，人类社会以18世纪下半叶英国产业革命为界，明显地可分为前后两个截然不同的阶段，即传统的农耕与乡村文明社会、现代的工业与城市文明社会。自那时起，由前一阶段向后一阶段的转换，或者说社会的现代化转型，已成为不可逆转的历史潮流。全世界几乎所有的国家和地区都曾经历或正在经历从传统农耕与乡村文明社会向现代工业与城市文明社会转型的过程。中国社会的现代化转型可以追溯到19世纪下半叶的洋务运动，然而，随后近百年的社会动荡严重阻滞了中国社会全面的现代化转型进程。

　　中国真正大规模和全面的社会转型以改革开放为起点，农区工业化潮流是最强大的推动力。正是珠三角、长三角广大农村地区工业的蓬勃发展，才将越来越广大的地区和越来越多的人口纳入工业和城市文明发展的轨道，并成就了中国"世界工厂"的美名。然而，农耕历史最久、农耕文化及社会结构积淀最深、地域面积最大、农村人口最集中的传统平原农区，却又是工业化发展和社会转型最滞后的地区。显然，如果此类区域的工业化和社会转型问题不解决，整个中国的现代化转型就不可能完成。因此，传统平原农区的工业化及社会转型问题无疑是当前中国最迫切需要研究解决的重大问题之一。

使我们对传统农区工业化与社会转型问题产生巨大兴趣并促使我们将该问题锁定为长期研究对象的主要因素，有如下三点。

一是关于工业化和社会发展的认识。记得五年前，我们为申请教育部人文社科重点研究基地而准备一个有关农区工业化的课题论证时，一位权威专家就对农区工业化的提法提出了异议，说"农区就是要搞农业，农区的任务是锁定种植业的产业结构并实现农业的现代化，农区工业化是个悖论"。两年前我们组织博士论文开题论证时，又有专家提出了同样的问题。其实对这样的问题，我们自己早就专门著文讨论过，但是，一再提出的疑问还是迫使我们对此问题做更深入的思考。事实上，如前所述，从社会转型的源头上说，最初的工业都是从农业中长出来的，所以，最初的工业化都是农区工业化，包括18世纪英国的产业革命，这是其一。其二，中国20世纪80年代初开始的大规模工业化就是从农区开始的，所谓的苏南模式、温州模式不都是农区工业发展的模式么？现在已成珠三角核心工业区的东莞市30年前还是典型的农业大县，为什么现在尚未实现工业化的农区就不能搞工业化了呢？其三，也是最重要的，工业化是一个社会现代化的过程，而社会的核心是人，所以工业化的核心问题是人的现代化，一个区域只有经过工业化的洗礼，这个区域的人才能由传统向现代转化，你不允许传统农区搞工业化，那不就意味着你不允许此类地区的人进入现代人的序列么？这无论如何也是说不过去的。当然，我们也知道，那些反对农区搞工业化的专家是从产业的区域分工格局来讨论问题的，但是要知道，这样的区域分工格局要经过工业化的洗礼才会形成，而不能通过阻止某一区域的工业化而人为地将其固化为某一特定产业区域类型。其四，反对农区工业化的人往往曲解了农区工业化的丰富内涵，似乎农区工业化就是在农田里建工厂。其实，农区工业化即使包含着在农区建工厂的内容，那也是指在更广大的农区的某些空间点上建工厂，并不意味着所有农田都要变成工厂，也就是说，农区工业化并不意味着一定会损害乃至替代农业的发展。农区工业化最重要的意义是将占人口比例最大的农民卷入社会现代化潮流。不能将传统农区农民这一占人口比例最大的群体排除在中国社会的现代化进程之外，这是我们关于工业化和社会发展的基本认识，也是我们高度重视传统农区工业化问题的基本原因之一。

二是对工业化发生及文明转换原因和秩序的认识。从全球的角度看，现代工业和社会转型的起点在英国。过去我们有一种主流的、被不断强化的认识，即中国社会历史发展的逻辑进程与其他地方——比如说欧洲应该是一样的，也要由封建社会进入资本主义社会，虽然某一社会发展阶段的时间起点不一定完全一致。于是就有了资本主义萌芽说，即中国早在明清乃至宋代就有了资本主义萌芽，且迟早要长出资本主义的大树。这种观点用另一种语言来表述就是：即使没有欧洲的影响，中国也会爆发产业革命，发展出现代工业体系。近年来，随着对该问题研究的深入，提出并试图回答类似"李约瑟之谜"的下述问题越来越让人们感兴趣，即在现代化开启之前的1000多年中，中国科学技术都走在世界前列，为什么现代化开启以来的最近500年，中国却远远落在了西方的后面？与工业革命联系起来，这个问题自然就转换为：为什么产业革命爆发于欧洲而不是中国？虽然讨论仍如火如荼，然而一个无可争议的事实是：中国的确没有爆发产业革命，中国的现代工业是由西方输入的，或者说是从西方学的。这一事实决定了中国工业化的空间秩序必然从受西方工业文明影响最早的沿海地区逐渐向内陆地区推进，不管是19世纪下半叶洋务运动开启的旧的工业化，还是20世纪80年代开启的新一轮工业化，都不例外。现代工业诞生的基础和工业化在中国演变的这一空间秩序，意味着外来的现代工业生产方式和与此相应的经济社会结构在替代中国固有的传统农业生产方式和相应的经济社会结构的过程中，一定包含着前者对后者的改造和剧烈的冲突。而传统农耕文明历史最久、经济社会乃至文化结构积淀最深的传统农区，一定也是现代工业化难度最大、遇到障碍最多的区域。所以，将传统农区工业化进程作为研究对象，或许更容易发现两种不同文明结构的差异及冲突、改造、替代的本质和规律，从而使得该项研究更具理论和思想价值。

三是对我们所处的研究工作环境和知识积累的认识。我们中的很多人都来自农民家庭，我自己甚至有一段当农民的经历，我们工作的河南省又是全国第一人口大省和第一农民大省，截至2008年末，其城市化率也才不到40%，也就是说，在将近1亿人口中，有近7000万人是农民，所以，我们对农民、农业、农村的情况非常熟悉，研究农区问题，我们最容易获得第一手资料。同时，我们这些土生土长的农区人，对该区域的现代化进程最为关注，也有着最为强烈的社会责任感，因此，研究农区问题我们最有动力。还有，在众多的不断变化的热点经济社会问题吸引相当多有抱负的经济学人的情况下，对事关整个中国现代化进程的传统农区工业化和社会转型问题进行一些深入思考可能是我们的比较优势。

我个人将研究兴趣聚焦到农区工业化上来始于20世纪90年代中期，进入21世纪以来，该项研究占了我越来越多的精力和时间。随着实地调查机会的增多，进入视野的令人感兴趣的问题也越来越多。与该项研究相关的国家社科基金重点项目、一般项目以及教育部基地重大项目的相继立项，使研究的压力也越来越大。值得欣慰的是，该项研究的意义越来越为更多的学者和博士生及博士后研究人员所认可，研究队伍也越来越大，展开的面也越来越宽，研究的问题也越来越深入和具体。尤其值得一提的是日本大学的村上直树教授，他以其丰厚的学识和先进的研究方法，将中国中原地区的工业化作为自己重要的研究方向，且已经取得了重要进展，并打算与我们长期合作，这给了我们很大的鼓舞。

总之，研究对象与研究领域已经初步锁定，研究队伍已聚集起来，课题研究平台在不断拓展，若干研究也有了相应的进展。今后，我们要做的是对相关的研究方向和研究课题做进一步的提炼，对研究队伍进行优化整合，对文献进行更系统的批判和梳理，做更多的实地调查，力争从多角度来回答若干重要问题，比如：在传统农业基础上工业化发生、发育的基础和条件是什么？工业化究竟能不能在传统农业的基础上内生？外部的因素对传统农区工业化的推进究竟起着什么样的作用？从创业者和企业的行为方式看，工业企业成长和空间演进的轨迹是怎样的？在工业化背景下，农户的行为方式会发生怎样的变化，这种变化对工业化进程又会产生怎样的影响？县、乡等基层政府在工业化进程中究竟应该扮演何种角色？人口流动的方向、方式和人口居住空间结构调整演进的基本趋势是什么？这是一系列颇具争议但又很有研讨价值的问题。我们将尝试弄清楚随着工业化的推进，传统农业和乡村文明的经济社会结构逐步被破坏、被改造、被替代，以及与现代工业和城市文明相适应的经济社会结构逐步形成的整个过程。

按照目前的打算，今后相当长一个时期内，我们的研究都不可能离开传统农区工业化与社会转型这一领域，我们也期望近期在若干主要专题上能有所突破，并取得相应的研究成果。为了将所有相关成果聚集到一起，以便让读者了解到我们所研究问题的全貌，我们决定编辑出版"传统农区工业化与社会转型丛书"。我们希望，随着研究的推进，每年能拿出三到五本书的相关成果，经过3～5年，能形成十几乃至二十本书的丛书规模。

感谢原社会科学文献出版社总编辑邹东涛教授，感谢该社皮书出版分社的邓泳红，以及所有参与编辑该套丛书的人员，是他们敏锐的洞察力、强烈的社会责任感、极大的工作热情和一丝不苟的敬业精神，促成了该套丛书的迅速立项，并使出版工作得以顺利推进。

耿明斋
2009年6月14日

摘 要

期货市场与农业有着很深的渊源,世界上最早的期货交易就起源于农产品,发达国家的经验表明,期货市场可以为农业发展保驾护航。中国自引入期货交易制度至今已有二十余年的时间,虽然其间经历了一些波折,但近年来中国期货市场尤其是农产品期货市场发展迅速,一些大宗农产品相继上市,市场交易规模不断扩大,市场功能得到初步发挥。但制约市场发展的深层障碍并没有得到根本突破。

商品的生产经营者应该成为市场的基本参与者,但中国农产品期货市场始终存在着生产者缺位的问题,即市场基本见不到作为生产者的农民的身影,农民也无法从这个市场的发展中获益。目前,该问题已经得到广泛重视,2010年的中央一号文件明确提出"鼓励生产经营者利用期货市场规避风险"。事实上,农民参与期货市场有多种途径:直接参与、通过"企业+农户"或"合作社+农户"方式间接参与等。农民直接参与期货市场要求农户具备较大的生产规模、雄厚的资金实力和相关知识等,而多数农户并不具备这些条件，因此，即使在发达国家通过这种形式参与期货市场的农户也较少，多数农户是通过后两种方式间接参与期货市场的。

然而，由于我国的特殊国情，农民参与期货市场的几种途径均存在障碍。我国农业的一个重要特点是小规模分散经营，相关的中介组织不发达。小规模分散经营的特点使得我国农民几乎不可能直接参与期货市场。通过"企业+农户"的方式参与存在着交易费用高、企业与农户的地位不对等以及由此产生的一系列问题。因此，现实中农民通过"企业+农户"参与期货市场的成功案例并不多见。农民通过合作社参与期货市场在发达国家是比较常见的。虽然近年来中国的农民合作组织发展迅速，但依然存在规模小、资金实力弱、经营管理人才匮乏等情况，我国农民合作组织的这种状况使得其无法承担起组织农民参与期货市场的重任。而且，我国的农民合作组织的发展有着明显的产业差异，即多数集中在商品化程度较高的专用品种上，大宗农产品领域的农民合作组织相对较少，而期货市场交易的都是大宗农产品。上述因素使得我国农民通过合作社参与期货市场非常困难。

农产品期货市场生产者缺位的状况不仅使得其服务"三农"的能力大打折扣，而且也影响了其功能的正常发挥。期货市场作为一种高端市场要求相关的交易主体具备一些基本条件。我国农业的经营方式以小规模分散经营为主，而且相关的中介组织不发达，两者存在明显矛盾。从实践的角度出发，可以采取"企业+合作社+农民"的方式，由企业进入期货市场操作，合作社负责把农民组织起来，事实上合作社起着桥梁作用，企业减少了和大量小农户打交道的交易费用，而农户也由于合作社的介入取得了和企业相对对等的地位。在此过程中，合作社的实力逐渐壮大，等条件成熟后，由合作社直接组织农民参与期货市场。目前，中国的一些地方已经做出了有益探索,出于农民规避经营风险、获得稳定利润的需要,经由这种方式,合作社把农民组织起来,实现我国农业经营方式的转变,而我国农产品期货市场由于获得了来自最基层同时也是最广泛的生产经营者的支持可以向更深层次发展。

关键词:期货市场;生产者缺位;农业经营方式;发展路径

Abstract

Futures market has deep rootswith agriculture, The world's first futures exchange was derived from agricultural products. Experience of developed countries has showed that the futures market can escort the development of agriculture. There is nearly two decades since the introduction of futures trading system in China, Although there is some ups and downs, China's futures market, especially the agricultural futures markets has been developed rapidly in recent years: a number of staple agricultural products listed, market transactions expanded, function played initially. But at the same time the underlying obstacles restricting development of market has not been fundamentally alleviated.

Producers of goods should be the basic participants in the market, however, there is always the question of producer absence in China's agricultural futures market, that there is no farmers in this market, farmers can not benefit from the development of this market. This problem has been taken seriously at present. The first document of the central govern-

Abstract

ment in 2010 made it clear that "to encourage the producers using the futures market to avoid risk. " In fact, the farmers have a variety of ways to use futures markets: Direct participation, indirect participation through the "enterprise + farmer " or "cooperative + farmer". Direct participation in futures market requires that farmers have a larger production scale; solid financial strength and a high level of knowledge, etc. While most farmers do not possess these conditions, Therefore, even in developed countries fewer farmers adopt the first form, most farmers are indirectly involved in the futures market with two other ways.

However, due to China's special conditions, there are some obstacles for farmers to participate the futures market in these ways. An important feature of China's agriculture is a small-scale decentralized management, the relevant intermediary organization developed. It is nearly impossible for our country's small-scale farmers to directly involve in the futures market. The question of "enterprise + farmer" is high transaction costs; involved in the unequal status of enterprise and farmers, as well as a range of issues arising. Therefore, the farmers through the "enterprise + peasant household" are rare in the futures market in reality. Farmers through cooperatives in the futures market are more common abroad. Although in recent years, cooperative organizations of farmers have developed rapidly in China, these cooperative organizations are small, financial strength is weak, the managerial talent is extremly short. This situation of China's Cooperation Organization of farmers makes it impossible to organize the farmers in the futures market. Moreover, there was a clear difference in the industry for China's cooperative organizations of farmers, that is most concentrated in the higher levels commercialization of specific species, but rural cooperative organizations is relatively small in the field of the bulk of agricultural products, it is the staple agricultural products in the futures market. Which make it is very difficult for our farmers to invovle in the futures market through cooperation.

The absence agricultural producers in the futures market not only made the ability of the market serve "San Nong" greatly reduced, but also affected the normal functioning of the futures market. Futures market as a relatively high-end market requires related main body with some of the basic conditions. Mode of China's agriculture is mainly based on small-scale decentralized operations, and the relevant intermediary organization developed, there is a clear contradiction in these two areas. From a practical point of view, we can take the approach of "enterprise + cooperative + farmer", enterprises enter the futures market, the cooperative is responsible to organize farmers, where cooperatives play a bridge role, companies have reduced their transaction costs of dealing with small farmers through this way, farmers also have achieved a relatively equal status because of the involvement of cooperatives , the cooperative's strength will gradually grow in this process, cooperative can organize farmers in the futures market while the conditions are ripe. At present, some parts of China have made a useful exploration. For the farmers to avoid the relevant operational risks and the need for a steady profit, Using this approach, farmers can organize themselves through co-operation to achieve the transformation of China's agricultural mode of operation. Moreover, China's agricultural futures markets could be at deeper level due to receive from the support of the lowest level is also the most extensive producers and managers.

Key words: Futures market; absence of producer; Forms of agriculture; Development Path

目录

Contents

第一章 绪论 …………………………………………………… 1
  第一节 研究背景 ………………………………………… 1
  第二节 研究意义和目的 ………………………………… 6
  第三节 研究内容 ………………………………………… 7

第二章 农产品期货市场的基本功能分析 …………………… 11
  第一节 农产品期货市场风险规避功能分析 …………… 11
  第二节 农产品期货市场的价格发现功能分析 ………… 24

第三章 中国农产品期货市场的发展历程、现状及问题 …… 41
  第一节 中国农产品期货市场发展历程 ………………… 41
  第二节 中国农产品期货市场的现状 …………………… 52
  第三节 我国农产品期货市场存在的问题 ……………… 61

第四章 农产品期货市场在促进农业发展中的作用分析 …… 65
  第一节 农产品期货市场在农业发展中的作用 ………… 65

第二节　期货市场在农业结构调整中的作用探析 …………… 76

第五章　制约中国农产品期货市场发展的深层原因分析 …… 97
　第一节　前言 …………………………………………………… 97
　第二节　农产品期货市场充分发展的条件分析 ……………… 100
　第三节　制约我国农产品期货市场发展的深层原因分析 …… 104
　第四节　结论及建议 …………………………………………… 112

第六章　中国农产品期货市场生产者缺位的经济学分析 …… 115
　第一节　前言 …………………………………………………… 115
　第二节　生产者利用期货市场的理论分析 …………………… 117
　第三节　农业生产者参与期货市场的路径分析 ……………… 120
　第四节　我国现有的农业经营方式导致农产品期货市场
　　　　　生产者缺位 …………………………………………… 133
　第五节　我国农民利用农产品期货市场的思考 ……………… 136
　第六节　结论及建议 …………………………………………… 139

第七章　中国大宗农产品领域农民合作经济组织发展的困境
　　　　——农民参与农产品期货市场的路径探析 ………… 141
　第一节　引言 …………………………………………………… 141
　第二节　相关文献回顾 ………………………………………… 143
　第三节　中国农民合作经济组织产生与发展的产业差异的
　　　　　理论分析 ……………………………………………… 144
　第四节　大宗农产品领域农民合作经济组织发育滞后的影响
　　　　　因素分析 ……………………………………………… 147
　第五节　结论 …………………………………………………… 155

目录

第八章　期货市场、订单农业及其组织形式演进 …… 157
- 第一节　引言 …… 157
- 第二节　理论基础与分析框架 …… 159
- 第三节　农产品期货市场与订单农业组织形式的演进路径 … 161
- 第四节　案例分析：来自大平集团的微观证据 …… 166
- 第五节　结论：局限性及启示 …… 170

第九章　中美农产品期货市场发展模式的比较研究 …… 172
- 第一节　引言 …… 172
- 第二节　资源禀赋基础 …… 173
- 第三节　制度基础 …… 176
- 第四节　农业经营规模与农业组织基础 …… 178
- 第五节　相关的服务体系 …… 184
- 第六节　结论及对中国的启示 …… 186

第十章　中国应加快推出农产品期货期权 …… 188
- 第一节　期权市场的产生和发展 …… 188
- 第二节　期权交易的主要特点 …… 189
- 第三节　我国推出农产品期货期权的必要性和可行性 …… 191
- 第四节　政策建议 …… 197

第十一章　中国农产品期货市场国际定价权缺失的经济学分析 …… 199
- 第一节　引言 …… 199
- 第二节　相关文献回顾及评价 …… 199
- 第三节　我国农产品国际定价权的现状 …… 201

第四节 期货市场决定大宗商品定价权的依据及必要条件 …… 206
第五节 我国农产品期货市场定价权缺失的原因分析 …… 209
第六节 我国农产品期货市场争夺国际定价权的政策建议 …… 212

本书结论 …… 215

参考文献 …… 218

后　记 …… 231

第一章 绪论

第一节 研究背景

始于20世纪70年代末的中国改革开放率先从农村发起。家庭联产承包责任制迅速在全国范围铺开，该制度确立了家庭在农业生产中的主导地位，这恰好契合了农业生产的特点：农业生产是在广阔的空间内展开的，作物生长周期较长，风险较大，这些特点决定了对农业生产中的劳动监督极为困难，而以家庭为经营主体则很好地解决了这个问题。因此，这一制度的确立使中国的农业生产量迅速增加，短时间内就基本解决了人们的温饱问题。但随之而来的问题是计划经济体制下的统购统销制度已无法适应形势发展的需要，因为随着农产品产量的迅速增加，国家财政日益不堪重负，无法筹措到足够的资金去购买日益增多的农产品，形势的发展要求对我国以统购统销制度为主体的农产品流通体制进行改革。

于是，20世纪80年代中期中国开始对农产品流通领域进行改革：废除农产品的统购统销制度，农产品价格由市场决定。在此过程中，我国采取了渐进式的改革。首先，放开部分农产品价格，而对粮食等关系国计民生的大宗农产品采取了"双轨制"。这些改革措施的推进使得多数农产品价格由市场决定，在市场日趋活跃的同时，其风险也日益增加，农产品价格大幅起落，"买难"和"卖难"现象交替出现。这不仅给相关的生产经营者带来了极大的损失，也直接威胁国民经济的健康发展。对农民来说，他要面对变幻莫测的市场，由于受经营规模小、资金实力弱和知识水平低等因素的约束，在面对市场时常会感到力不从心，于是产生了"小生产"与"大市场"的矛盾。因此，作为生产者的农民所面对的风险加大了，他不仅要面对自然风险，而且要面对日益增加的市场风险，双重风险下的我国小规模经营农业要面对更大的不确定性。对于各方来说，都急需一种能管理价格风险的工具。

在此背景下，我国开始考虑引入国外已发展得较为成熟的期货市场，借此管理我国农产品价格波动的风险。在前期考察论证的基础上，1990年中国郑州粮食批发市场的建立及随后推出的远期合约为我国期货市场的发展拉开了序幕，之后一批期货经纪公司相继成立。1993年，大连商品交易所、郑州商品交易所等的成立标志着我国期货市场的正式建立。我国的期货市场成立初期发展迅速，交易量和交易额迅速上升，但遗憾的是，这种快速发展很快演变为盲目发展，地方政府在利益的诱惑下建立了大量的交易所，导致一些品种在多个交易所重复上市，竞争过于激烈。这使得中国期货市场的正常功能无从发挥，逐步演变为一个"投机"市场，众多投机事件的发生给公众及决策层留下了极为负面的印象，为其以后的发展带来了诸多不利因素。因此，管理层开始对期货市场进行治理和整顿，随之我国期货市场陷入了发展的低谷，经过几年的治理和整顿，我国期货市场秩序逐渐规范，并于2001年开始逐渐步入健康的发展轨道。一些大品种相继上市或恢复上市，交易量及交易额逐年攀升。据悉，2010年我国期货市场的成交额已突破300万亿元；市场功能初步得到发挥，越来越多的现货生产者和经营者利用期货市场来为其现货经营服务，随着市场规模的扩大、价格发现效率的提高，国际影响力也在增强，上海期货交易所的铜、大连商品交易所的大豆及郑州商品交易所的小麦、白糖、棉花等品种的价格日益受到国际市场的重视。

纵观我国期货市场的发展历程，可以发现我国期货市场的发展走过了一条曲折道路。这反映了期货市场和我国的经济体制及经济发展模式存在着某种矛盾。直至今日，这种矛盾并没有完全得到解决，还在制约着我国期货市场的发展。和美国的期货市场一样，中国的期货市场也起源于农产品，这是因为大宗农产品非常适合于期货交易，具有价格波动大、交易规模大、易于标准化而且耐储存和方便运输等特点。现代意义上的期货市场起源于美国，虽然它在发展过程也经历了一些波折，但总的来看，美国农产品期货市场在稳定农产品价格、促进农业发展甚至推动美国经济发展等方面都起到了显著作用。由于中美两国的国情不同，农业经营模式也不同，中国期货市场若想发挥其应有的功能必须有相关的交易主体，尤其要能够吸引到一定比例的套期保值者。对于农产品期货市场而言，作为生产者的农民应该成为其发展的基石和服务的对象。然而，鉴于期货市场特殊的交易机制和特征，农业生产者的参与要满足一系列条件，如较大的规模、雄厚的资金及丰富的知识，或者中介组织较发达，但在这些方面，中美两国存在着显著差异。

中国农产品期货市场自成立至今一直未能解决的问题是套期保值者不足，尤其是生产者缺位。至今我国的农产品期货市场中依然看不到农民的身影，这不仅违背了我国农产品期货市场建立的初衷，也阻碍了其正常功能的发挥和向更深层次的发展，这源于我国农业的经营模式。与美国的大规模农场经营及具备较完善的农民合作组织不同，中国农业经营的显著特点是小规模分散经营，且我国农民合作组织的发展较为滞后，无力引领农民进入期货市场，因此导致农民无法进入农产品期货市场。从本质上看，这属于"小生产"与"大市场"的矛盾，但又和一般的"小生产"与"大市场"的矛盾不同，期货市场是更为高级也更为复杂的市场，它本身就具有高风险性，这决定了作为生产者的农民的参与不仅面临着一般的交易成本高的问题，而且需要满足更高的条件，如在资金、知识及农业经营规模等方面应满足较高的要求。我国的现实情况决定了目前条件下单个农户无法直接进入期货市场，但这绝不意味着我国农民就无法利用期货市场。事实上，通过农业经营模式的变革、相应组织和制度的建立和完善，中国农民完全可以利用农产品期货市场为自身的生产经营服务，而且期货市场也可以推动农业经营模式的转换与变革。因此，本文着重于探讨这二者间的关系，期望通过农业经营模式的改变，使作为生产者的农民可以从期货市场的发展中获益。为生产者服务是期货市场发展的题中应有之义，而且有了生产者的参与，农产品期货市场就有了坚实的发展基础。在此背景下，本书将探讨农业经营模式变革的方向、方法以及农产品期货市场促进这场变革的方式。

中国的"三农"问题长期以来受到社会各界的广泛关注，近年来的中央"一号"文件均是有关"三农"问题的，国家对农业的投入逐年增加，减免农业税、农村合作医疗等政策的推出极大地减轻了农民的负担。从绝对量来看，近年来农民收入显著增加，但遗憾的是，我国的"三农"问题并没有得到根本解决，城乡差距持续拉大。"三农"问题的根本解决还要靠工业化和城镇化的推进，但中国的国情决定了仅靠推进城镇化还不能完全解决农村发展问题，在农业和农村内部也要进行相应的组织与结构变革。长期以来，我国的农村和农业存在着明显的"市场失败"和"政府失败"。农业自身的特点及中国的特殊国情决定了我国的农业仅靠市场是不行的，现实中长期存在的至今没有得到解决的"小生产"和"大市场"的矛盾就充分说明了这一点。农业需要政府的扶持，但仅靠政府也不行，中国计划经济体制下农业合作化运动的失败就充分说明了这一点，目前亟须加强的是农村社区组织的建设。

中国人多地少的现实决定了在可预见的相当长的时期农业不可能达到美国、加拿大甚至欧洲国家的农场规模，在相当长的时间内我国都要以小规模农业经营为主，只不过这种小农与中国传统的小农比，已经发生了质的变化。必须清醒地认识到，分散经营的小农决定了其弱势地位，若想改变这种状况，必须在国家、市场发挥作用的基础上加强社区的组织建设，并以此为基础，变革农业的经营模式。

国家的作用主要体现在提供公共物品、制定相关的法律和政策等方面，农村社区的组织建设则有着更为丰富的内涵和外延。中国传统社会长期以小农经济为基础，近代以来政府势力向农村的渗透导致宗族势力的解体与衰落，农民间的合作意识非常薄弱；改革开放以来市场化进程、工业化及城镇化进程的推进导致农村社会发生了巨大的变化，正处于一个艰难的转型期；大批青壮年劳动力外出打工，留下来经营农业的大部分是老人、妇女甚至儿童，农业沦为"副业"在一些地方已是不争的事实，新一代的农村青年绝大多数对农业失去了兴趣；由于传统价值观的影响式微和道德滑坡，农村中出现了一些严重的社会问题，如虐待老人等现象愈发严重。由于中国户籍制度改革的滞后，这些进城打工的农民无法在城市落户，只能候鸟式地在城市和农村之间来回奔波，带来了一些特殊现象（如"春运"现象）的同时，也极大地浪费了社会资源，不仅不利于农业发展，也不利于工业化及城镇化的推进，在此情况下，农业经营规模无法扩大，反而更加细碎化，严重阻碍了农业现代化进程。

这些问题的解决一方面有赖于改革的进一步推进以及城镇化的推进；另一方面则要求在农村加强组织建设，小规模分散经营的农民永远都会处于弱势地位，农民只有组织起来，团结合作才能解决所面临的问题。虽然从历史和现实的角度看都有一些不利于农村社区型组织发展的因素，但这并不意味着中国农民无法组织起来，只要采取合适的方法，加以引导，农民合作组织就能够发展起来，近年来我国农民合作组织如雨后春笋般的涌现就是证明。但农民合作组织的发展离不开市场的引导，这些组织的发展必须建立在市场经济制度的基础上，市场可以促进农民合作组织的发展。农民合作组织可以借助农产品期货市场的风险管理和价格发现等功能使自己发展壮大。本书将讨论具体的运作模式。

第二节 研究意义和目的

近年来我国期货市场的迅猛发展无疑让人们看到了其光明的发展前景，期货业界将其定位于为实体经济服务。对农产品期货市场来说，要证明自己的价值和意义必须为解决中国的"三农"问题做出自己的贡献，其中最为重要的无疑是为作为生产者的农民服务，然而我国农产品期货市场长期存在的套期保值者不足尤其是生产者缺位的问题不禁让人对其服务"三农"的能力产生重重疑虑。本书将从期货市场功能、现状及问题来探讨如何解决此问题，在理论上本书将市场、国家和组织的作用结合起来研究；从实践的角度看，本书将探讨制约我国农产品期货市场发展的深层原因、农民合作组织的发展问题，并将二者结合起来进行研究，期望能够找到一条较为现实的途径，在促进期货市场发展的同时，也利用期货市场缓解我国旷日持久的"三农"问题,故本书有很强的理论及现实意义。

第三节 研究内容

本书共分十一章,每一章自成体系但彼此又有紧密联系。

第一章是绪论。该章是本书的概述,主要包括本书的研究背景、研究意义及目的、主要研究对象、创新点等内容。

第二章是关于期货市场基本功能的分析。这是本书的理论基础,该章重点阐述了期货市场的基本功能即风险规避和价格发现功能。风险规避是通过套期保值操作实现的,因此该章重点讨论套期保值理论及其演化;期货市场价格发现的功能日益受到人们的重视,该章将探讨关于价格发现的若干理论问题。

第三章主要探讨中国农产品期货市场发展现状及存在的问题。该章论述经过治理整顿后的中国农产品期货市场的发展状况,主要从交易品种、交易量和交易额以及市场功能发挥等方面对中国农产品期货市场的现状进行详细论述和分析。在此基础上,对农产品期货市场存在的问题进行简单分析。

第四章是关于农产品期货市场在促进农业发展中的作用分析。该章的分析主要以第二章为基础,即从期货市场基本功能出发推导出其在促进农业发展中的作用,该章将对农产品期货市场的作用进行系统总结并给出相关例证。主要内容包括促进农业标准化建设、增加农民收入、促进农民组织化及农村信息化建设、促进土地流转、促进农业结构调整等方面。在此基础上笔者将进一步阐述农产品期货市场的功能及作用,主要探讨期货市场在农业结构调整中的作用。首先对农业结构调整的内涵、对象及意义进行界定和讨论,接着对农业结构调整方面的相关文献进行综述和评论，在此基础上，论述了期货市场特点并提出以此为依据来推进农业结构调整，最后给出河南省延津县利用农产品期货市场来促进农业结构调整的微观证据。

第五章探讨了制约中国农产品期货市场发展的深层原因。该章在对近年来关于中国农产品期货市场发展的文献进行综述的基础上，提出了现货市场发育滞后、我国处于转轨时期的经济制度、农民合作组织发展缓慢以及农业经营规模小是制约我国农产品期货市场发展的深层原因，在此基础上，建议从上述方面入手加强和推进中国农产品期货市场建设。

第六章探讨了中国农产品期货市场中生产者缺位的问题。该章以有关部门和笔者自身的实地调查为依据，提出中国农产品期货市场存在生产者缺位问题。然后论述了期货市场中的交易主体问题，即谁最有可能利用期货市场，给出了生产者参与期货市场的理论基础。在此基础上笔者结合中国的现实情况从生产者直接利用、"企业+农户"及"农民合作组织+农户"等方面论述了作为生产者的农户无法直接参与期货交易，即中国农产品期货市场的确存在生产者缺位的问题。

第七章是关于农民合作组织的探讨。农民合作组织是农民参与期货市场的重要中介组织，因此该章对此问题进行探讨。近年来我国农民合作组织虽然发展迅速，但存在明显的产业差异和区域差异，在大宗农产品领域农民合作组织的发展明显滞后，而且大多是由企业或政府领办的，农民自发发起的较少。而农产品期货市场上市交易的均为大宗农产品，这为农民通过农民合作组织参与期货市场增添了新的障碍。该章主要从农产品自身的特点及其所面对的外部环境进行分析，由于农产品自身的特性及其面临的不同体制环境造成了不同产业领域中农民合作组织发育的差异，大宗农产品领域中的农民合作组织的发育明显滞后，这无疑制约了农户与农产品期货市场的有效连接。

第八章是关于期货市场、订单农业及其组织形式的演进研究。近年来，我国的订单农业发展迅速，但订单农业中"企业＋农户"模式是农业产业化的主导模式，农户通过企业间接参与期货市场是一条重要途径。但履约率较低是我国订单农业发展中的顽疾，而仅通过期货市场的介入无法得到有效根治，因此必须从组织形式方面加以改进。该章首先论述了我国订单农业的定义及问题，接着对订单农业的相关研究进行了综述和评论。在此基础上该章提出了订单农业组织形式的演进应与农产品期货市场的发展相结合。该章的结论是"企业＋合作组织＋农户"是适应目前我国国情的农户参与期货市场的经营模式，但同时也指出了该模式的局限性。

第九章是关于中美农产品期货市场发展的比较研究。美国是现代期货市场的发源地，美国农产品期货市场在农业发展过程中发挥了重要作用。从目前情况看，中国农产品期货市场未能发挥此作用，因此，将中美两国的农产品期货市场发展情况做对比研究是有价值的。该章主要从资源禀赋、市场制度基础、农业经营规模及农民合作组织以及相关的服务体系等方面进行了对比，从中得出结论：中国具备发展农产品期货市场的基础条件，但服务体系发展滞后，和美国相比差距较大。因此，我国应走有中国特色的农产品期货市场的发展道路。

第十章是关于中国推出农产品期权的探讨。期权交易有着自身的特点，与期货交易相比，其风险相对较小且能获得相应的收益，因此期权交易更适合小规模生产经营者。国际上较为成熟的农产品期货市场均有相应的期权品种，而且在维护生产者、经营者的利益方面发挥着重要作用。因此，该章在论述期权交易特点的基础上探讨了中国推出农产品期权交易的必要性和可行性。

第十一章是关于中国农产品期货市场定价权缺失问题的研究。虽然取得了显著成就,但不可忽视的问题是中国农产品期货市场在国际范围内依然没有定价的话语权,这在很大程度上限制了市场功能的发挥。本章首先是相关文献回顾,然后分析近年来我国农产品国际定价权缺失的基本事实,接着考察期货市场在决定大宗商品定价权中的理论依据、必要条件以及定价权缺失的原因,最后得出结论并给出政策建议。

第二章 农产品期货市场的基本功能分析

第一节 农产品期货市场风险规避功能分析

在经济活动中,风险无处不在,无时不有。风险回避指市场中风险厌恶者采取一定措施来转移或分散因交易而面临的经济风险,尽可能减少风险所带来的不利影响。由于多数人是风险厌恶者,因此风险回避在商品经济中非常必要。

在市场经济条件下,多数农产品价格由价值决定,受供求影响,而市场供求则受多种因素影响,如天气、库存量、进出口量等。因此,农产品价格在这些因素的影响下出现波动,从而形成价格波动风险,这种价格波动风险,给商品生产者、需求者和经营者造成很大的不稳定,使得生产者不能在一个能保证其合理收益的价格条件下进行简单再生产和扩大再生产,经营者则不能在一个能保证补偿其经营成本并获得正常经营利润的价格条件下经营。价格波动风险的存在,使得生产者和经营者都不能以一个合理的价格来预先确定从事生产和经营应当获得的正常利润,因此,客观上产生了回避现货市场价格波动风险的强烈需要。在现实世界中,由自然灾害等引起的风险可以通过保险等途径加以规避,但价格风险则很难通过这种途径进行规避。对于那些生产周期短的商品来说，根据现货市场价格或者通过一体化等可以规避价格波动风险，而对于生产周期长的商品如农产品，由现货市场供求机制自发调节容易导致蛛网波动。因此，现货价格风险需要一个有效转移回避机制和事先调节机制，而期货市场的出现为商品生产者、需求者和经营者回避价格风险提供了机会和场所，这是因为期货市场具有回避价格风险的功能。

一 关于套期保值的定义

农产品期货市场的基本功能之一是规避风险，这个功能是通过套期保值操作来实现的。期货市场建立的初始目的就是实现对现货的套期保值、规避风险。套期保值（Hedge 或 Hedging）亦称为套头交易或对冲，原意为减少或锁住风险。套期保值在早期贸易中就已经出现，当时商品生产者和批发商在商品交易中卖出远期交易合同而保障商品价格，从而消除商品价格的季节性风险。期货市场出现以后，交易者广泛地运用期货市场来买卖期货合约，以消除现货或预期持有现货的价格风险。

一般认为，套期保值是指在期货市场上买进或卖出与现货数量相当，但交易方向相反的期货合约，以期在未来某个时间通过卖出或买进同等数量的期货合约而补偿因现货市场价格波动所造成的有实际价格风险的交易。沃金给套期保值下的定义是：期货套期保值由期货交易所建立和监管的标准期限合约的买卖所构成，以作为对未来时间合约买卖的短暂替代。现代套期保值理论把套期保值看得非常简单，即为了构建一个资产组合，在期货市场建立头寸的同时，在相关现货市场建立相反的头寸。

事实上，套期保值的含义很广。比如，某基金在美国股市上有大量多头头寸，而基金经理担心美国通货膨胀会使股价下挫，于是抛出一些美国国债，再买进一些黄金、大豆等，这也是套期保值。

目前国内对套期保值的普遍理解是：对同一商品在期货市场上建立与现货市场部位相反的头寸，以规避现货的价格风险。

实际上套期保值就是利用期货合约可以在期货市场上很方便地进行"对冲"这一特点，在期货市场上持有一个与现货市场交易部位相反、数量相当的合约，当在一个市场上出现亏损时，另一个市场就会出现盈利，并且盈利与亏损会大致相抵，以实现规避风险的功能。

重要的是：不管何种形式的套期保值，其出发点和目的都是锁住目前的利润（或亏损）、成本或风险，而绝对不是赚取额外的利润。套期保值的盈亏是其期货和现货盈亏的总和。

套期保值之所以能够规避价格风险、达到套期保值目的，这是基于以下两大经济学原理。

第一，商品期货价格和现货价格走势一致。在期货市场和现货市场两个各自独立的市场，由于特定商品的期货价格和现货价格在同一市场环境内会受到相同经济因素的影响和制约，因而一般情况下两个市场的价格变动趋势相同。

第二，当期货合约到期日临近，期货价格和现货价格之间趋向一致。由于套利因素的存在，通过期货交割保证了期货价格与现货价格在到期日临近时，两者趋向一致。期货交易在合约到期时一般进行实物交割，到交割时，如果期货价格和现货价格不一致，就会存在套利行为，使得期货价格与现货价格趋于一致。

二 套期保值理论发展

从经济学上对商品期货套期保值理论进行阐述的当首推英国经济学家凯恩斯和希克斯，人们把他们的套期保值理论称为传统的套期保值理论。他们认为：现货价格与期货价格的变动大致同步，期货市场上的亏损或收益将被现货市场上的收益与亏损抵消。因此，套期保值者必须在期货交易建立一个与现货交易方向相反、数量相等或相当的交易部位。其原因在于套期保值者仅仅是为了回避其在现货市场上可能遭遇的风险，减少风险是套期保值者进行期货交易的唯一动机。根据传统的套期保值概念，套期保值者在交易时应当遵循如下四个原则，即品种相同原则、数量相等原则、方向相反原则、时间相近原则。从期货市场的发展来看，在商品期货市场上，大多数套期保值者自始至终都是遵循传统保值的这些原则来进行交易的。

传统的套期保值理论将套期保值者看作纯粹的风险最小者，美国的沃金（Working）对此提出异议。通过对小麦、玉米和大豆的实证研究，他认为，基差是可以预期的，套期保值者也应被看作预期收益最大化者。现货市场上的交易主体在期货交易中进行套期保值的做法，并不是一种对冲现货市场风险的习惯性市场行为，而是一种有选择的行为。套期保值的最终结果未必能将风险全部转移出去，套期保值者为了避免现货价格变动的较大风险，通常选择相对较小的基差风险。因此，为了减少基差风险，甚至从基差变动中获取额外利益，套期保值者可以在保值商品种类、合约期限、多空头寸及持仓数量上做出适时有效的选择和调整。

沃金的套期保值理论是经济利润最大化在期货交易中的发展，它在一定程度上克服了传统套期保值理论的局限性，具有灵活性和可操作性。

20 世纪 60 年代，约翰逊（Johnson）和斯坦因（Stein）利用组合投资理论来研究套期保值。资产组合套期保值概念来自马柯维茨（Markowitz）的组合投资理论。根据这种方法，套期保值者在资产组合中能够持有几个不同的现货和期货资产，他们根据平均数和方差在可替代资产组合中进行选择，使资产组合的效用函数预期价值最大化。这一理论的核心是：交易者在期货市场进行套期保值，实质上是对期货市场与现货市场上的资产进行组合投资。其目的在于在既定的风险条件下最大限度地去获得利润，或在预期收益一定的前提下把风险降到最低，而不仅仅是锁定交易者在现货市场上的收益。因此，运用投资组合策略的套期保值者在期货市场上所持有的头寸与在现货市场上所持有的头寸不一定相同。而且在套期保值期间，组合投资的套期保值比率将随着时间的推移，根据交易者的风险偏好和对期货价格的预期而变化。据此，我们可以归纳出现代套期保值理论的实质所在：（1）套期保值可以在与期货商品合约相同或相关的现货与期货之间进行；（2）套期保值的头寸方向及持仓数量应有一定的灵活性和可变幅度；（3）套期保值者出入市的时机及价位、合约月份的选择具有因市场而变动的可变性。

如果把现代套期保值理论的含义与中国期货业内目前对套期保值理论认识的实际状况相比较，我们有如下几点不足：（1）受传统套期保值的概念束缚较深；（2）相应的套期保值的规则太机械；（3）对现代套期保值理论宣传不足；（4）套期保值者操作的策略和手法显得单调；（5）对目前套期保值功能在期货市场中的发挥的评估有失偏颇。

三　基差理论

（一）基差的概念

基差是期货市场中最重要的概念之一，其定义为：

$$基差 = 现货价格 - 期货价格$$

$$B\ (Basis)\ = S\ (spot\ price)\ - F\ (future\ price)$$

公式中，B 为基差；S 为某商品的现货价格；F 为同种商品的期货价格。

基差包含着现货市场和期货市场间的运输成本和持有成本，其中运输成本反映现货市场和期货市场的空间因素，持有成本反映了两个市场间的时间因素，即两个不同交易月份的持有成本，也就是持有某种商品由一段时间到另一段时间的成本，包括仓储费用、利息、保险费、损耗费等。就同一地点而言，持有成本是时间的函数，离合约交割期越长，持有成本越高。随着交割期的临近，持有成本将逐步减少，而当趋近于交割日时，持有成本趋近于零，期货价格与现货价格也非常接近，此时，基差仅仅反映交割和运输成本。

（二）基差的影响因素

导致基差变化的因素有很多，主要是供求关系。对于农产品来说，供需之间的不平衡如有时发生的存储困难可能导致基差的大范围变化。除供求关系外，影响农产品基差的因素还有上年度的库存、当年国内产量、当年国际产量、当年国内需求、当年国际需求、国内国际的进出口量、替代产品的供需情况、仓储及运输的难易程度、仓储及运输费用、价格波动、保险费和利息、国内及国际产业政策、主要媒体的舆论导向等。

（三）基差的类型

一是按照数值进行划分。

从数值上来划分，市场上有几种情况的基差，即基差为正、基差为负、基差为零。

基差为正指的是在反向市场的情况下，期货价格低于现货价格，即 $B = S - F > 0$。当某种商品在现货市场供不应求时，人们对该种商品将来的供应持乐观态度，认为供应短缺的情况得到缓解时就会出现现货价格高于期货价格、近期月份期货价格高于远期月份期货价格的情况。一般,在农产品市场中,由于存在着强烈的自然性供给周期,在作物歉收的年份,经常会出现旧作物年度期末的现货价格高于新作物年度期货价格的情况。

基差为负指的是在正向市场的情况下,期货价格高于现货价格,远期期货价格高于近期期货价格,即 $B = S - F < 0$。一般,这种市场状况属于正常的市场状况,从理论上讲,期货价格高于现货价格,相对比较远期的期货价格高于近期的期货价格,这是因为近期的现货持有到较远时期,要支付相应的仓储、利息、损耗等费用,这就是所谓的持有成本。持有成本存在时,期货合约的持有者可以获得一定的价格补偿。理论上,负值基差有一个上限,即其绝对值不能超过持有成本,否则将导致交易商增加现货储存,这不仅引起现货需求的增加,而且也使得现货供给减少,进而引起现货价格上涨。另外,现货存量的增加又使得通过出售期货进行套期保值的数量增加,这又导致了期货价格的下跌,在以上两重因素的共同使用下,基差的绝对值将缩小,直至缩小到相当于或低于持有成本。

基差为零是指期货价格与现货价格相等,即 $B = S - F = 0$。一般随着交割月的临近,期货价格中所包含的成本也会逐渐消失,期货价格趋近于现货价格,这正是通过买卖期货合约能够取得套期保值效果的一个基本原因。

二是按照基差的变动效应进行划分。

从基差的变动效应来看,基差可以分为较弱基差、较强基差和不变基差。

较弱基差是指当价格上升时,现货价格的上升比相应的期货价格上升得少,而价格下降时,现货价格的下降比相应的期货价格下降得多,所形成的现货价格与期货价格之差,也叫作基差弱化、基差疲软。

较强基差是指当价格上升时，现货价格比相应的期货价格上升得多，而在价格下降时，现货价格比相应的期货价格下降得少，所发生的现货价格与期货价格之差，又叫作基差强化、基差坚挺。

不变基差是指无论价格上升还是下降，现货价格的变化总是等于相应的期货价格的变化，是现货价格与期货价格之差，也叫基差不变。

（四）基差理论与套期保值

基差对于理解套期保值的过程有着十分重要的意义。如果我们从套期保值的理论含义出发，分析基差变动与套期保值的关系，就会发现，每一影响基差的变量因子实际上也是影响套期保值成败的显著因子。定义 T 代表距离合约到期的时间，t 为合约到期前的某一时间点。S 为现在某一商品的现货市场价格，f 为现在某一商品的期货市场价格，ST 代表合约到期时的现货价格，fT 代表合约到期时的期货价格，St 为合约到期前 t 时刻的现货价格，ft 为合约到期前 t 时刻的期货价格，π 代表不同套期保值策略下的盈利与亏损。当套期保值者在现货上持多、期货上卖空时，合约到期时其盈利与亏损则分别为：

$$\pi = (ST - S) - (FT - F) = \Delta ST - \Delta FT \qquad (1)$$

$$\pi = (-ST + S) + (FT - F) = -\Delta ST + FT \qquad (2)$$

在某些情形下，若想在合约到期前的某时刻 t 平仓了结保值头寸，设想套期保值者在现货上持多，则其盈利或亏损为：

$$\pi = St - S - (FT - F) = \Delta St - \Delta FT \qquad (3)$$

应当指出，上述各数学等式都是随着时间变化在忽略交易费用及盯市保证金额和利率支出费用的前提下建立的，而这几个变量在我国目前期货市场的实际运行过程中对基差变化的影响仍不可忽视。

根据基差的定义：

$$B = S - T \text{（最初基差）}$$
$$Bt = St - Ft \text{（时刻 t 时的基差）}$$
$$BT = ST - FT \text{（合约到期时的基差）}$$

则（3）式可表达为：

$$\pi = St - Ft - (S - F) = Bt - B = \Delta Bt \tag{4}$$

因此由式（3）、（4）可得

$$\pi = \Delta Bt = \Delta St - \Delta Ft \tag{5}$$

显而易见，套期保值的盈利或亏损 π，简单地讲就是基差的变化值 ΔBt。人们利用期货市场的功能，锁定了现货市场较大的价格风险 ΔSt，而选择承担正常情况下非常小的基差变动风险 ΔBt。由于 ΔBt 的变动风险来源于未确定的变化量 Bt，因此套期保值本身就是投机的一种表现形式，只是产生的风险水平远低于未套期保值头寸而已。

如果 $\Delta St > \Delta Ft$，$\Delta Bt > 0$，则称之为强基差趋势；如果 $\Delta St < \Delta Ft$，$\Delta Bt < 0$，则称之为弱基差趋势。在这里，有这样两种情况值得一提，一种情形是完美保值（Perfect Hedge），即：

$$\pi = \Delta Bt = \Delta St - \Delta Ft = 0$$

另一种情形为合约到期时完全符合现货价格与期货价格趋同、基差为零的理论假设，即：

$$ST = FT$$

这时 $\pi = F - S$。显然，上述这两种特例恰是传统套期保值理论假设的基础，但只是现代套期保值理论的个例而已。

四 套期保值功能的实证研究

(一) 国外关于套期保值功能的实证研究

在发达国家尤其是美国，期货市场已经有了很长的发展历史，相关的数据积累得也比较丰富，所以对套期保值有大量的实证研究，虽然结果各有不同，但大多数研究发现套期保值有重要功能。然而在某些国家，套期保值的作用却是有限的。

Rolfo、Grant 和 Eake 对套期保值的研究比较综合，他们把产量风险加进了分析模型，对套期保值率进行了检验。Rolfo 对巴西可可种植者的套期保值率进行研究，发现其套期保值率只有 45%，但是他更多的是研究自然风险，而不是生产者风险。从可可的案例中 Rolfo 得出结论：产量风险是真实世界缺乏套期保值动力的原因。

Ederinton 曾经研究小麦市场的一次套期保值者行为，他对 78% 的小麦现货头寸进行了套期保值，小麦价格风险减小了 84%。Grant 和 Eake 研究了不同历史时期的数据，发现在为小麦进行套期保值时，计算出的套期保值率接近 1。Heifuer 发现活牛饲养业 1/3 到 1/2 的价格风险能够通过套期保值消除，最优套期保值率在产量的 56% 到 88% 之间。Miller 研究了大豆市场，发现最优化远期合约和最优套期保值率在产量的 50%~60%。Carter 和 Loyns 发现，由于较高的基差风险，加拿大农场主对在芝加哥期货市场进行活牛的套期保值缺乏兴趣。

Bond、Thompson 和 Geldard，Sheales 和 Tomek 对澳大利亚小麦局 (AWB) 在芝加哥小麦市场进行套期保值的潜在收益进行了研究。AWB 在 1982 年就开始进行套期保值。Bond 等人发现，由于离岸交易带来的较高的基差风险，AWB 的最优套期保值率只有大约 20%，从套期保值交易中只能获得较少的收益。Sheales 和

Tomek 也发现离岸套期保值对减小 AWB 的收益风险作用是非常弱的。

  Hartzmark 根据 CFTC 的每周数据，运用大的商业套期保值者所持有的期货和现货头寸对套期保值的资产组合理论进行了实证分析。他通过比较现货和期货头寸，对小麦和燕麦风险最小化进行了检验。他发现所调查的公司调整了现货和期货头寸，而不随市场条件的变化改变它们的预期。因此，他得出结论：公司的行为好像是使风险最小化了。而 Peck 和 Nahmias 获得了不同的结论。他们分析了一些美国面粉加工商的季度期货和现货头寸，并根据资产组合理论对套期保值战略进行了评估。结果发现，在最优或者风险最小套期保值比率和实际套期保值率之间只有较少的统计关系。从这点上，Peck 和 Nahmias 认为资产组合模型只有有限的实践意义。Peck 和 Nahmias 比 Hartzmark 使用了更多的数据，他们分析了小的多头套期保值者、比较了 Hartzmark 模型中的大的空头套期保值者。

  1996 年，悉尼期货交易所推出了新的小麦合约。Simmons 和 Rambaldi 检验了澳大利亚农民使用的新的小麦合约的最优套期保值率，发现它几乎接近于 0。尽管小麦生产者对悉尼期货交易所的小麦期货合约不感兴趣，但是羊毛生产者对羊毛期货的套期保值比较有兴趣。ABARE 的报告认为，如果羊毛生产者在悉尼期货交易所进行套期保值，大约有 45% 的羊毛生产者能够减少 80% 的现货价格风险。

（二）国内农产品期货市场套期保值功能的实证研究与评价

  我国期货市场发展的时间不长，数据积累得还不充分，而且我们缺少企业和相关市场主体参与期货市场套期保值的第一手具有说服力的调查资料，所以对套期保值功能的研究还很少。曲立峰（2004）对这个问题做过分析，根据他的研究：中国期货市场在最初的几年内，基本没有实现其风险转移功能，也不可能实现；随着主管部门对期货市场规范整顿工作的不断进行，这种风险转移功能开始显现，并日益增强，但距离理想目标还有不小的差距。

  在我国期货市场起步的最初几年中，许多人并不懂得期货市场，一些组织管理者不懂，相当多的企业家也不懂，更不要说熟练地利用期货市场进行套期保值业务了。人们仅仅将参与期货市场进行实物交割理解成"套期保值"，而且在实际中也是这么做的。2000年3~7月，大连商品交易所在成都、重庆、上海等11个城市对有关人士进行了期货市场的问卷调查。收回有效答卷309份。其中90%以上的答卷认可套期保值的经典做法，但仍有接近10%的人认为交接现货是套期保值。更令人遗憾的是，在90%以上认可套期保值经典做法的人士中，竟有29%的人事实上没有理解套期保值的操作办法，出现了期现货交易部位相同的答卷。我国期货市场的多次恶性风波，导致我国期货市场形象相当不好，期货市场秩序极为混乱。这不仅直接损害了参与期货市场交易的企业和个人利益，而且导致大量上诉和法律纠纷，引起人们对期货市场现状与发展前景的深深忧虑。在这种情况下，没有任何理由证明这一时期的期货市场成功发挥了转移风险的功能。过度投机下，价格都被扭曲了，企业就不可能在这种期货市场上回避风险！相反，在一个过度投机的市场里，还会制造并产生风险，伤害众多参与期货市场的企业和个人。所有这些，导致政府对期货市场的强力整顿就是理所当然的了。一个好的市场，或一个功能发挥较好的期货市场不会被政府大力整顿，如果仍坚持认为，这一阶段中国的期货市场发挥了套期保值功能，只能是自欺欺人。即使在我国期货市场的规范整顿期间，特别是在2001年以前，我国期货市场合约最后交割价与现货价也时常发生较大的误差。以黑龙江粮油批发市场发布的大豆现货价格与大连商品交易所大豆交割价比较，9505合约的共44次交割中，大连商品交易所交割价高于现货价250元以上的有9次，交割价比黑龙江现货价格还低的有6次，即约有1/3的期货市场交割价与现货价格发生了较大的偏差。期货交割价与现货价发生了较大偏差说明这些合约中存在过度投机的现象，而这不利于企业套期保值业务的正常实现。

经过大力整顿和期货市场法治建设的不断加强，我国期货市场过度投机、价格扭曲、风险事件不断的情况得到了根本性的扭转。但是直到2001年我国期货市场仍呈现非常低迷的态势，市场规模和流动性逐年下降。套期保值是期货市场的主要功能，但套期保值和投机是相辅相成的，没有投机的市场不可能进行套期保值。2002年以前的几年间，我国期货市场资金流失严重，很多资金在进入期货市场时受到严格限制，期货市场资源极度匮乏，资金规模急剧缩小。期货市场只有12个交易品种，较活跃的期货品种只有四五个。许多与农产品相关的企业想做套期保值业务，却难以如愿，即使进得去期货市场，也很难出得来。结果，很多企业望而却步，或者只能在期货市场进行少量的实物交割。

与国外发达国家期货交易比较的结果也说明了这一点。美国芝加哥期货交易所是世界上最成功的农产品期货交易所之一，美国是大豆产量最大的国家，也是大豆期货交易量最大的国家。从大豆期货交易量与大豆产量的比例来看，我国明显低于美国，这从另一个侧面说明我国期货市场参与者不足，利用期货市场避险的企业不多。1993~2002年，美国大豆期货交易量共12595.25万手，约17141.06百万吨，同期大豆总产量为691.31百万吨。美国大豆期货交易量是其产量的24.80倍。我国大连商品交易所大豆期货交易量为34470.61万手，约3447.06百万吨，同期大豆总产量为149.93百万吨。我国大豆期货交易量为大豆产量的22.99倍，低于美国。这说明，我国相当一部分经营大豆的企业并未参与期货套期保值业务。事实上，美国除大豆期货交易外，还有大量的大豆期权交易，1999 年芝加哥期货交易所共成交大豆期权交易 479245 张合同。这也是众多企业常用的一种有效转移风险的手段，而我国却没有期权交易。加上这个因素，可以说我国参与套期保值业务的企业数量更少。大连商品交易所 2003 年客户注册资料也证明了这一点。2003 年注册投资者为 11 万多个，其中法人客户只有约 4000 个，其中还有不少与粮食经营业务无关，而同期在工商部门注册的与粮食经营有关的企业估计不少于 5 万个。

第二节 农产品期货市场的价格发现功能分析

期货市场有两大主要功能，即风险转移和价格发现功能。相比价格发现功能，人们对风险转移功能较为熟悉并有一定理解。但"期货市场的定价责任却鲜为人知。事实上，这一功能常被否定"。① 的确，理解期货市场的价格发现功能确实比理解风险转移功能困难一些，而且介绍期货市场价格发现的专门书籍和文章相比前者少得多。②

一 价格发现功能的基本含义

所谓价格发现功能，一般是指在期货市场通过公开、公平、公正、高效、竞争的期货交易机制，形成具有真实性、预期性、连续性和权威性的期货价格的过程。价格发现功能是借助期货交易这种完全由供求法则决定的有组织的市场形态来实现的。期货

---

① 〔美〕托马斯·A. 海尔奈莫斯：《汤姆期货文集》，中国财政经济出版社，2000，第 136 页。
② 曲立峰：《中国农产品期货市场发展研究》，中国社会科学出版社，2004，第 27 页。

市场为买方和卖方提供了一个持续评估供需因素和其他市场指标的集中场所，并基于对目前市场信息和未来价格走势的分析，来实现交易、发现价格。

我们对这种价格应该怎样理解呢？首先，人们发现的是某一商品期货合约的一个未来价格趋势。价格发现并不是发现期货交易的每一个即时价格、某个确定的价格。期货市场的价格发现功能，是指发现未来某个阶段的价格发展趋势。其次，人们发现的是某一商品期货合约某一时段的一个均衡价格。"价格变动是一个向着某一确定价格不断调整的过程。有一个，也只有一个价格，能使可得到的供应确切地等于需求。这个平衡价格是市场持续寻求和现行价格持续向之趋近的价格。"[①] 最后，这种价格趋势和均衡价格是存在一定关系的。期货市场同时存在着实现均衡的趋势和打破均衡、走向非均衡的趋势。价格在一个方向上的突破和跌宕起伏，是期货市场上的常态；随着供给量或需求量的增加，价格波动又会趋向均衡，出现期货市场上的一个盘整时段。现实的期货市场价格运动，正是这两种趋势相互对立、共同作用的结果。因此，在某一个期货合约的全部交易过程中，总会出现一个或几个均衡阶段，在一个均衡期内，一定会有一个均衡价格。

相对于没有期货市场的时候，这种发现使人们对未来价格的习惯性判断有了质的改变。过去，大多数人是凭以往的经验来判断未来，通常又是过去的最近经验主宰着他们的判断。因此，每一个人，包括试图决定是用其土地种植大豆还是种植别的作物的农民，都可能不加修改地将过去一年存在的价格模式套用到短期

---

① 〔美〕托马斯·A. 海尔奈莫斯：《汤姆期货文集》，中国财政经济出版社，2000，第339页。

的未来中去。

期货市场具有价格发现的功能。首先，期货交易的参与者众多，汇聚了众多的生产者、销售者、加工者、进出口商以及投机者等，成千上万的买家和卖家聚集在一起进行竞争，可以代表供求双方的力量，有助于价格的形成。其次，期货交易中的交易人士大多熟悉某种商品行情，有丰富的经营知识和广泛的信息渠道以及一套科学的分析、预测方法。他们把各自的信息、经验和方法带到市场中去，结合自己的生产成本、预期利润，对商品供需和价格走势进行判断、分析和预测，报出自己的理想价格，与众多对手竞争。这样形成的期货价格实际上反映了大多数人的预测，因而能够比较确切地反映供求变动趋势。最后，期货交易的透明度高，竞争公开化、公平化，有助于形成公正的价格。期货市场是集中化的交易场所，自由报价、公开竞争，避免了现货交易中一对一的交易方式容易产生的欺诈和垄断行为，因此，期货交易发现的价格具有较高的权威性。

二 期货价格特征分析

按照新古典经济学的观点，价格机制是市场机制的核心，价格主要由供求关系决定，价格和供求关系之间是相互影响、相互作用的。当市场供过于求时，市场价格下降，而市场价格的下降将使产品的供给减少；当市场供不应求时，市场价格上升，而价格的上升将刺激产品供给增加。这种相互影响的结果使市场达到均衡状态，即当市场上产品供给与需求相等时，市场正好处于出清状态，并存在一个理论的均衡价格。市场机制的作用之一就是形成和发现这个均衡价格。从现货市场和期货市场比较中可以发现，期货市场形成的价格比现货市场价格更接近这个理想的均衡价格。

第二章 农产品期货市场的基本功能分析

（一）现货市场形成价格的特点

在期货交易和期货市场产生以前，商品经营者主要根据现货市场商品价格及其变动调整经营方向和经营规模。但是，现货市场在价格形成方面具有很大的局限性。现货价格的基本特征在于其不确定性、滞后性和不完全性。

第一，不确定性。现货市场的交易大多是以分散的"一对一"的谈判方式确定商品价格，买卖双方私下达成共识的价格，具有很大的不确定性。商品经营者所能得到的价格信息不仅零散，而且准确程度也较低。

第二，滞后性。当市场供求关系不均衡时，商品经营者对产品的生产调整需要一定时间，使价格调节供给具有一定的滞后性，并导致市场由相对均衡到失衡的循环往复波动。因此，单一的现货价格并不能充分反映价格的真实运动。

第三，不完全性。现货市场价格反映的是一定时间某一空间上的市场商品供求关系，无法对未来的供给与需求进行预测。由于存在信息收集范围的限制、信息传递中的隔绝和阻碍、市场分割等不利因素，现货市场的价格体系缺乏内在统一性[①]。现货市场形成的价格在一定程度上是失真和不完全的。

（二）期货市场价格可以弥补现货价格的缺陷

期货市场独特的交易形式和严密的组织制度集中了大量的交易者和众多的信息，能够较充分地保证竞争的公开、公平和公正的原则。

第一，期货价格具有预期性。现货市场的价格是在交易过程中所形成的现时价格，这种价格只能反映当时的供求关系，虽然在一定程度上影响了未来生产和消费的预期，但并不能真实地反

---

① 田源：《中国期货市场》，广东高等教育出版社，1992，第67页。

映未来的价格走势。而在期货市场中，期货交易者大多熟悉某种商品行情，有丰富的经营知识和广泛的信息渠道以及比较完善的分析和预测方法，他们结合市场中本行业的生产成本、预期利润以及对商品供求和价格走势进行的分析和判断，报出自己的理想价格，与众多的对手竞争，这样形成的期货价格实际上反映了大多数人的预测，因而能够反映供求变动趋势。因此，期货价格具有对未来供求关系及其价格变化趋势进行预测的功能。

第二，期货价格具有连续性。现货市场中，实物交易一旦达成一个价格之后，如果买入实物的一方不再卖出该商品或者不是马上卖出该商品，新的商品交易就不会再产生或不会马上产生，从而就不可能有一个连续不断的价格。而期货交易则不然，它是买卖期货合约的交易，实物交割的比例非常小，交易者买卖期货合约的本意大多不是为了实物交割，而是利用期货合约做套期保值交易或投机交易，因而，在买进或卖出后，必须再卖出或买进相同数量的期货合约，同时，期货合约是标准化的，转手极为便利，买卖非常频繁，这样，就能不断地产生期货价格。因此，期货价格是连续不断地反映供求关系及其变化趋势的一种价格。[①]

第三，期货价格具有公开性。现货市场大多是分散的，现货交易主要以一对一的形式存在，有些价格是私下达成的，甚至作为公司的商业秘密不对外公开。期货价格则是集中在交易所内通过公开竞价达成的。依据期货市场的信息披露制度，所有在期货交易所达成的交易及其价格都必须及时向会员报告并公之于众，通过传播媒介，交易者能够及时了解期货市场的交易情况和价格情况，并能迅速将之传递到现货市场。

---

① 陶琲、李经谋等：《中国期货市场理论问题研究》，中国财政经济出版社，1997，第81页。

第四，期货价格具有竞争性。现货市场的交易大多是通过个别交易、分散谈判的方式进行的，而且现货市场多是分散的，价格是私下达成的，因此竞争性受到了极大的限制。而期货价格是买卖双方通过各自的经纪人在交易所通过公开竞价确定的，交易者都力图以对自己最有利的价格成交，并完全根据价格变化来采取行动，由于交易者不知道对手是谁，不存在因某种偏好一定要向某人出售或购买的情况，从而保证了交易的竞争性。

第五，期货价格具有权威性。正是因为期货价格真实地反映了供求及价格的变动趋势，具有较强的预期性、连续性和公开性，所以在期货交易发达的国家，期货价格被视为一种权威价格，成为现货交易的重要参考依据，也是研究世界市场行情的依据。

基于期货价格的上述特点和优点，期货价格可以有效地弥补现货价格的不足，对于有相应期货市场的大宗商品而言，以期货价格为指导，在市场经济的运行过程中将能够更充分地发挥价格机制的作用。

三 发现价格功能的理论分析

要认识期货市场的价格发现功能，必须分析与描述期货市场价格与现货市场价格之间的内在关系。关于价格发现功能的理论主要有持有成本理论、价格形成机制理论、仓储理论等。

（一）持有成本理论与价格发现机制

持有成本理论假设：商品的生产具有季节性，其需求平均分布在全年，在储存过程中，为维持商品质量需要支付一定的储存费用，即储存成本。这样，在价格体系中引入期货价格后，在供求均衡的静态市场上，期货市场价格（F）、现货价格（C）及储存成本（CR）之间的关系可以表达为：$F = C + CR$。而在动态的市场上，现货市场价格的决定遵循下式：$C = F - CR$。这里，期货市场价格成为影响现货价格的主要因素。从这个意义上讲，期货价格成为现货价格的基准价格。①

期货市场要发挥发现价格功能，必须有一种机制把交易者共同预期的信息从期货市场传递到现货市场，这个机制就是套利机制。期货价格和现货价格通过储存成本联系起来后，如果期货价格和现货价格的偏离高于储存成本，即基差大于边际持仓成本，交易者就会采用套购或套利策略，最终使现货市场价格能够反映出期货市场中已经收集到的信息。

但是，持有成本理论并不能完整地解释期货价格与现货价格的内在关系。从上述公式看，期货价格必然高于现货价格，期货溢价部分等于实际货物的储存成本。这种情况只在标准市况下，即仓储量在新的收获年度前正常地不断减少的情况下才成立。随着交割期的临近，仓储费用逐渐消失，到交割期，现货价格与期货价格趋同。期货溢价就是对大部分仓储费用的补偿。如果出现期货价格低于现货市场价格的市场倒挂现象，则持有成本理论是无法解释的。

对于市场倒挂情况的一种解释是凯恩斯的正常交割延期费理论。该理论假设不存在仓储问题，一段时间之后预期的现货价格 EP 大致和当前的现货价格 CP 相等，即 $EP = CP$。那么，当前所确定的同一段时间的期货价格 FP 将低于 EP，即 $FP < EP$，从而有 $FP < CP$，可写成 $FP = CP - r$。其中 r 是套期保值者支付给投机者的风险边际收益，即正常交割延期费。但这种解释受到某些研究者的质疑。②

---

① 田源：《中国期货市场》，广东高等教育出版社，1992，第 67 页。
② 陶琲、李经谋等：《中国期货市场理论问题研究》，中国财政经济出版社，1997，第 81 页，第 95~98 页。

（二）价格形成机制理论与发现价格功能

在只有现货市场的情况下，商品生产者按照现货市场价格来预测未来价格，因而存在一种静态预期价格机制。用公式表示为：$P_t = f(Q_t)$，$P_{tc} = P_{t-1}$，即本期价格 P_t 取决于本期产量 Q_t，本期的预期价格 P_{tc} 等于上期价格 P_{t-1}，这样本期的供给量就取决于上期价格，价格调节作用滞后，而本期的需求量却取决于本期价格。可见，在现货市场上，这种静态预期价格机制必将导致市场周期波动，从而形成商品尤其是农产品供求和价格变动的"蛛网模型"。

但在存在期货市场的情况下，存在着较为合理的预期价格机制。生产经营者从期货市场获得反映未来供求的明确价格信息，利用期货平均价格形成合理预期，调节生产经营活动。用公式表示为：$Q_{ts} = f(P_{tc})$，$P_{tc} = P_{tf}$，即本期产量 Q_{ts} 取决于本期预期价格 P_{tc}，本期预期价格 P_{tc} 等于本期期货价格 P_{tf}，而期货价格是建立在大量供求信息基础上的，从而能够比较准确地反映未来供求。与现货市场不同的是，市场需求也将受期货市场价格的影响，$Q_{td} = f(P_{tf})$，即本期需求 Q_{td} 取决于本期期货价格 P_{tf}，并随之不断调整。这就使得市场供求在期货价格引导下，不断得到事先调节，从而提前向新的均衡点收敛，即市场供求在期货价格调节下不断收敛于新的均衡点。以农产品为例，假设某农产品供不应求，人们预期该情况要持续一段时间，反映在期货市场上，期货价格随之上升，价格上升一方面会对买方产生警告作用，不能再继续增加需求，另一方面也意味着生产者可增加产量；随着潜在供应量的增加，期货市场供求关系逐渐缓和，期货价格逐渐下跌，这一方面对生产者又是一个明确的警示，不能再继续增加产量，另一方面期货价格下跌也会刺激需求。可见，这种超前性的期货价格机制能有效解决现货价格失真及生产滞后问题。

从以上价格形成机制的比较中可以发现,在存在期货市场的情况下形成的价格比只有现货市场的情况下形成的价格更接近理论上的均衡价格,期货价格对于现货价格的长期均衡具有重要作用。这一点,可以通过在蛛网模型中加进理性预期的因素,从而建立有理性预期的价格均衡模型而得以证明。

1. 蛛网模型

对于预期在现货商品市场运行过程中的作用以及现货市场的不稳定性问题的研究,最早是由伊齐基尔通过建立一个主要用于解释价格演进轨迹的蛛网模型来进行的。① 该模型提出了这样一种可能性,即当人们根据现货价格预期未来价格时,市场可能是不稳定的。伊齐基尔假定,模型中所考虑的商品在短期内完全无弹性,也就是说,所考虑的时期可能定得如此之短,以致在这个时期内现有供给不能改变。因此,虽然实际收获有可能决定于生产者所预期的价格,但多数情况下是由需求所决定的。

蛛网模型由一个供求关系式构成:

$$Q_t^d = a - bP_t \quad 需求 \qquad (1)$$

$$Q_t^s = c + dP_{t-1} \quad 供给 \qquad (2)$$

这一简单线性模型的主要特征在于:在 $t-1$ 期间做出的供给决策是以当时的现货价格为依据的。令各期供求相等,就可以得出一个用来描述价格随时间演进的一阶线性差分方程:

$$P_t = (a-c)/b + \frac{d}{-b}P_{t-1} \qquad (3)$$

解之,可得出价格随时间演进的轨迹:

$$P_t = (a-c)/(d+b) + \frac{d^t}{-b} \qquad (4)$$

---

① 〔美〕伊齐基尔:《蛛网原理》,《商业周期理论选读》,1951,第426页。

第二章 农产品期货市场的基本功能分析

可见此方程的解由两项组成，第一项为系统的长期均衡价格，就是说在没有任何干扰的情况下，价格并不会随时间变动；如果出现干扰，价格总会收敛于 $(a-c)/(d+b)$。但是如果系统受到干扰，它也不会马上恢复到长期均衡状态。方程中的第二项是按照时期次数自乘的一个负数。随着时间的推进，这一项的取值不断地改变符号，从而使价格围绕其长期均衡值不断上下波动。实际上，$|-d/b|<1$，否则价格波动会越来越大，从而该系统就会被破坏。这时，只有当供给曲线斜率的绝对值大于需求曲线斜率的绝对值时，稳定性条件才会得到满足。不过，即使满足了稳定性条件，在系统受到干扰后，仍会有逐步衰减的价格和产量波动。[①]

实际上，最早注意并说明蛛网原理所表述的供求波动的并不是伊齐基尔，他只不过是用了数学的方式加以表述而已。马克思在讨论利润平均化过程中的市场价格与市场价值之间的关系时，就曾经指出过这种供求的延期调节问题。他说，供求绝不可能均衡，在连续的振荡过程中"偏离到一个方向的结果，会引起另一个方向的偏离"。[②]

2. 适应性预期下期货价格对现货价格的均衡

在蛛网模型中，农产品市场是不稳定的，如果只根据这种简单的模型来研究期货市场，就会得出错误的结论。为解决这一问题，纳洛夫引入了适应性预期概念，建立了另一种类型的农产品市场模型，即传统农产品市场模型。这一模型由三个方程构成：

$$Q_t^d = a - bP_t \quad 需求 \tag{5}$$

[①] 王济光：《商品期货交易的现货市场基础——理论、实证与政策分析》，中国财政经济出版社，1999，第126页。

[②] 马克思：《资本论》（第3卷），人民出版社，1975，第212页。

$$Q_t^s = c + dP_t^* \quad \text{供给} \tag{6}$$

$$P_t^* - P_{t-1}^* = \beta[P_{t-1} - P_{t-1}^*] \quad 0 < \beta < 1 \quad \text{适应性预期} \tag{7}$$

这里，P_t^* 是 $t-1$ 时期持有的、对 t 时期价格的预期，β 为适应性系数，表示价格适应新信息的速度。

这一假说的推理过程是：农民或其他经济当事人都有一个正常价格 P_t^* 的观念，他们根据最近的经验对此加以调整。如果实际价格超过预期价格，正常价格就会得到上调；反之，如果实际价格低于预期价格，则正常价格发生下调。如果 $\beta = 1$，公式（7）就被简化为伊齐基尔模型 $P_t^* = P_{t-1}$。但是，系数 β 通常要小于 1，当前信息对调整预期只能产生部分影响。随着 β 趋近于零，关于最近价格的信息在形成预期方面便越来越不受重视。

纳洛夫模型中的方程，也可以变换为求 P_t 的一阶差分方程，从而解出均衡价格轨迹：

$$P_t = (a-c)/(d+b) + [(-d/b-1)\beta + 1]^t \tag{8}$$

此方程的解也是由两项组成的。第一项为系统的长期均衡，等同于蛛网模型系统中的均衡；第二项所描述的是动态响应。该系统的稳定性条件为：

$$|1 + \beta(-d/b - 1)| < 1 \tag{9}$$

这一条件比蛛网模型的稳定性条件 $|-d/b| < 1$ 更有可能得到满足。原因在于，参数 β 作为系统的制动器会使预期显得落后于得到的新信息。无论需求和供给的斜率如何，总能找到一个 β 值，它能使系统产生足够的滞后，以保证系统的稳定性。当 $\beta = 1$ 时，纳洛夫模型的稳定性条件，就会还原为蛛网模型的稳定性条件，但模型本身并不相同：纳洛夫模型不一定以振荡的方式来调整到均衡；如果 β 充分小的话，就有可能出现单调地向均衡收敛。

3. 理性预期下期货价格对现货价格的均衡

理性预期期货市场理论实际上是建立在理性预期的有库存的农业供给模型研究基础之上的。这种农业供给模型通常被划分为两种，一种是无商品库存的模型，另一种是有商品库存的模型。但作为期货市场理论基础的却是有库存的模型。

在现实生活中，农产品大多可以储存一段时间，因而分析有库存模型也更具实际意义。在存在库存的情况下，人们就会因为预期价格可能提高而保持存货，从而这种供给模型中实际上就已经包含投机因素在内。有库存的预期模型通常可以表示为：

$$Q_t^d = -bP_t \tag{10}$$

$$Q_t^s = c_{t-1}P_t^* + \eta_t \tag{11}$$

$$I = \alpha(_tP_{t+1}^* - P_t) \tag{12}$$

$$Q_t^d + I_t = Q_t^s + I_{t-1} \tag{13}$$

$$_{t-1}P_t^* = E[P_t/I_{t-1}] \tag{14}$$

这里，I_t 是 t 时期期末的存货量。在这套模型中，供求曲线中的外生变量和常数项均被省略，并假定误差项为序列不相关的。

在上面的预期模型中，总需求由消费需求和存货需求构成，而总供给则等于当前产量加上先前的存货。均衡条件也可以用另一种方式来表述：存货变化等于当前产量超过消费需求的余额。按照假定，存货需求是从 t 到 t+1 期间预期价格提高的函数。穆斯曾通过对厌恶风险的预期效用最大化者的假定，导出这种关系。度量存货需求对预期价格变动敏感性的参数 α，是乐意承担风险的程度和价格条件方差的函数。该系数随交易者风险偏好的减弱而缩小，也随价格条件方差的减小而缩小。当投机者对风险的态度为中性时，就有可能导出一个类似式（12）的方程，但这时保持存货仍会有递增的边际成本。

把消费需求、存货需求和供给方程代入均衡条件方程,就可以得出一个关于不同时期价格实际值和预期值,以及随即扰动的方程:

$$\alpha_t P_{t+1}^* - (a+b)P_t = (c+a)_{t-1}P_t^* - \alpha P_{t-1} + \eta_t \qquad (15)$$

可以从这个方程式中导出下面的价格方程:

$$\lambda_1 P_t = \lambda_1 P_{t-1} + \{1/[\alpha\lambda_1 - (a+b)]\}\eta_t \qquad (16)$$

这里,

$$\lambda_1 = 1 + (b+c)/2\alpha - [(b+c)/2\alpha]\sqrt{1+4\alpha(b+c)} \qquad (17)$$

而且 $0 < \lambda_1 < 1$。

在上面这个价格方程中,即使在扰动没有显示出序列相关时,价格也同样会出现序列相关。出现这种情况的原因是:存货的存在修正了供给扰动的影响。这与不可储存的商品显然不同,一个正的供给冲击会影响现期消费和远期消费。可储存商品收获的增量并没有完全进入现期消费。投机者之所以愿意这样做,是因为好收成会使价格暂时降低,把存货保存到将来价格较好时再出售总会有利可图。这种做法通常具有抑制价格波动的作用,从而减少了价格波动。现期扰动的影响会延续到远期,导致价格运动的时序相关。这一模型表明:在短期内,投机存货需求在决定价格方面比流动供给和需求更为重要。当模型中的参数 α 大于参数 b 和 c 时,其所表明的正是这种情况。这也就意味着,在使用这个价格模型时,滞后价格系数 λ_1 接近于 1,价格服从随机波动。这个结论背后的直观意义是:如果投机者对价格差别特别敏感,他们的活动就会导致消除可预测的价格变动。在这种意义上,价格变动在短期内趋向于成为随机的;换言之,价格变动将表现为一个近乎随机走动的过程。

(三) 仓储理论与期货的价格发现

沃金 (Working) 提出的仓储理论深入剖析了时间因素对于基差的影响，比较系统地阐述了期货市场中可以储存的商品的期货市场价格与现货市场价格之间的关系。

该理论认为：在完全竞争的市场条件下，企业为获取最大的仓储收益，应在储存或供应商品的时候使边际净持仓成本等于持仓阶段预期的价格变动，以此保证边际收益等于边际成本。边际净持仓成本包括边际仓储费用支出、边际风险成本和边际机会收益。其中，仓储费用支出是指存仓的实际成本，包括仓储设备、装卸费用、利息以及保险费支出，该笔费用的支出与存仓量的变化成正比。除非存仓量达到或超过仓储设备的存仓能力，通常情况下，边际仓储费用支出是一个恒量。风险成本是指由经济因素变化导致仓储商品价格变动带来的财务损失，随持仓数量的增加而增加。通常情况下，边际风险成本比较小，可以近似认为是一个恒量或忽略不计。边际机会收益是指每增加一个单位的持仓量所带来的企业机会收益数量的增量，总的持仓机会收益会随存仓数量的增加而增加，但当市场整体存仓数量达到一定水平时，持仓的边际机会收益则为零。

仓储理论揭示了现货市场价格与期货市场价格之间是相互制约的，基差基本上受制于边际持仓成本，在临近交割期时，两个市场价格之间的差异逐步缩小，价格趋于一致。这种价格关系基本上反映了人们对各种影响市场因素的预期以及现阶段和未来现货市场的供求关系，因此，期货市场具有很强的发现价格功能。

综上所述，预期价格就是解决问题的关键。这就需要有一个专于和善于发现未来市场信息的有效机制。这只能由期货市场来完成。期货市场将蛛网定理的滞后调节功能转化为预先的引导功能。将个别生产者的简单估算转化为由成千上万专业人士参与竞争并最终得出的权威性的预期价格。

农产品期货市场提供了良好的预期价格信息,生产者的投资决定可以从中得到有力的依据。无论结合资源或者分配资源,其决定都不能仅仅取决于当前的价格,而应充分考虑期货市场所提供的未来价格。这种未来价格信息,正是精明的生产者的获利契机。而这种获利机会,又不断激发生产者的积极性,驱使他们调整资源,从而自觉或不自觉地推动市场从不均衡向均衡运行。

四 关于价格发现功能的实证研究

期货市场价格发现的意义重大,学者们对此进行了广泛的研究。

(一)国外关于价格发现功能的实证研究

萨缪尔逊认为投机者通过低买高卖的竞争性投机,稳定了价格。期货市场对整个经济中各个参与者福利的配置是一个很难处理的问题。然而在没有私人仓储存在的情况下,期货市场对生产者获得净福利,对消费者来说产生福利损失。考克斯发现有经验证据表明期货交易能够增加商品现货价格的信息量。他发现,当有期货交易时,价格充分反映了有用的市场信息,因此,它在某种程度上比现货市场更有效率。考克斯认为,期货交易能够改变反映在预期价格上的信息量,因为投机者在期货市场上的作用使价格信息量增加,而且那些不参与期货交易的人也能以较低的成本获取反映在期货价格中的市场信息。考克斯对美国的洋葱、土豆、猪脯、活牛以及冷冻橘汁期货市场进行研究得出了这些结论。

当非耐储藏商品合约被引入期货交易时,期货市场的远期定价功能显得更为重要。Peck 强调了期货市场的远期定价功能,提出期货市场提供的远期价格信息有助于生产者形成生产决策。她认为远期价格可能对商品价格具有稳定作用，即期货市场通过交易者的仓储决策便利，减弱了价格波动；生产者使用期货价格能够减弱价格波动。这些结果与 Gohnson 早期曾提出的讨论是相似的。他认为，如果生产者根据相关远期价格做出他们的生产决定时，个人和产业都能获得一定的稳定性。Mckinnon 和 Turnovsky 都认为，有效期货市场产生稳定现货价格的倾向，主要的福利增加在于对生产决定的影响。他们也认为，期货市场的引入可能对缓冲储备稳定机制是一种有效的、低成本的可选方法。

Jeremy Stein 从理论上提出，随着更多的投机者的加入，价格不稳定也将增加。新的投机者改变了价格的信息内容，影响了现有交易者的反应。新的投机者的加入消减了已经存在的交易者所反映出的信息内容。Grossman 认为，个人和社会运用期货市场的动机是从市场上信息灵通的交易者传送到信息不灵通的交易者的现货价格信息量的函数。他认为：当前现货市场信息灵通的企业在交易活动中把现货价格作为他们的信息函数，信息不灵通的企业用现货价格作为显示所有信息灵通交易者信息的统计量。然而，他认为，由于决定价格时，有许多随机因素，现货价格并不能完全显示信息灵通交易者的信息。随着期货交易的介入，信息灵通的交易者将期货价格和现货价格的信息传达给他们，这就是期货市场的信息角色，也就是价格发现功能。但是，他好像忽略了在决定期货价格时随机因素的影响以及现货价格和期货价格基本上同时被决定的因素的影响。

（二）国内关于价格发现功能的实证研究

随着我国期货市场的规范整顿，从 2001 年起我国期货市场逐渐步入健康的发展轨道，期货市场的价格发现功能也得到了初步发挥。学者们也从不同的角度对此进行了研究。刘庆富等利用信息共享模型与波动溢出效应模型对我国大豆和小麦的期货、现货市场之间的价格发现进行了多层次的实证研究,得出我国农产品市场的价格发现能力和运行效率正逐渐提高的结论;刘凤军等认为我国大豆期货市场的投机成分在减少,价格发现功能在提高,市场效率在提高;张树忠、李天忠、丁涛通过计算我国农产品期货价格指数并检验其与 CPI 的关系,发现我国农产品期货价格指数对 CPI 有先行指示作用;房瑞景等对中国玉米期货市场(DCE)价格发现功能进行实证研究,并与美国玉米期货市场(CBOT)进行比较。结果显示,国内现货市场信息不够透明、现货商未能获取足够的市场信息进行及时的理性决策,是中、美玉米期货市场功能发挥有效性差距的一个重要原因;杨晨辉、刘新梅、魏振祥等运用误差修正项模型和基于 t 分布的双变量 EC – EGARCH(1,1)模型对我国玉米、白糖的期货、现货价格的关系进行了研究,研究发现:玉米和白糖的期货、现货价格之间存在长期稳定和相互引导的关系,并且期货市场对现货市场的引导强于现货市场对期货市场的引导。

第三章 中国农产品期货市场的发展历程、现状及问题

第一节 中国农产品期货市场发展历程

从中国郑州粮食批发市场成立至今,中国期货市场经历了20余年的发展历程,这是中国农产品期货市场也是中国期货市场迅速扩张、规范发展的过程。中国农产品期货市场的发展历程大致可分为以下几个阶段[①]。

一 起步阶段(1990~1993年)

这一阶段前后持续了三年多时间。1990年中国郑州粮食批发市场成立以及1991年3月该批发市场签订第一份小麦远期交易合同等都在为中国农产品期货市场的发育奠定基础,并在一定程度上显示了中国农产品期货市场发育的可能性;1992年下半年起适应期货市场发展要求的期货经纪公司开始成立;1993年4月中国颁布了第一个有关期货市场方面的法规——《期货经纪公司登记管理暂行办法》;1993年5月郑州商品交易所正式推出标准化的农

---

① 杨雪、乔娟:《中国农产品期货市场发展历程、现状及前景》,《农业经济展望》2008年第3期。

产品期货合约。

到 1993 年底，全国经各地政府或中央有关部门批准设立的以"商品交易所""期货交易所"字样冠名的期货市场已达 50 多家（见表 3-1），期货经纪公司 300 家，从业人员由 1992 年的不足万人猛增至 1993 年底的 13.5 万人左右，其中近半数为经纪人。① 在 50 多家交易所中，其中半数以上为农产品期货交易或拥有农产品期货交易品种。

表 3-1　中国部分商品交易所（批发市场）一览

地区	交易所（批发市场）名称	交易品种	开业时间
北京	中国建材批发市场	建材	1992 年
北京	北京木材及林产品批发市场	木材及林产品	1993 年
北京	北京国家化工交易市场	化工原料产品	1993 年 4 月
北京	北京石油交易所	石油产品	1993 年 11 月
北京	北京商品交易所	农产品、金属、能源、化工、国债	1990 年 11 月
上海	上海金属交易所	有色金属	1992 年 5 月
上海	上海石油交易所	石油、成品油	1993 年 5 月
上海	上海化工商品交易所	化工产品	1993 年 3 月
上海	上海煤炭商品交易所	煤炭	1992 年 12 月
上海	上海粮油交易所	粮、油	1993 年 5 月
上海	上海建材交易所	钢材、三合板	1993 年
上海	上海农资交易所	尿素、氯化钾	1993 年 2 月
天津	天津金属交易所	钢材、生铁	1992 年 10 月
天津	北洋（天津）商品交易所	金属材料	1993 年 5 月
大连	大连商品交易所	玉米、大豆	1993 年 11 月

---

① 朱国华：《中国期货市场分析和研究》，中国商业出版社，1999，第 274～280 页。

续表

地 区	交易所（批发市场）名称	交易品种	开业时间
沈 阳	沈阳金属交易所	金属材料	1993年9月
长 春	长春粮油交易所	谷物	1993年
长 春	长春商品交易所	粮食、铁路运价	1993年
哈尔滨	哈尔滨石油交易所	粮食、石油、国债	1993年
郑 州	郑州商品交易所	粮食、油料、国债	1990年3月
郑 州	中国郑州建材交易所	钢材、水泥	1993年
南 京	南京石油交易所	石油	1993年3月
苏 州	苏州商品交易所	线材、茧丝	1992年1月
成 都	成都肉类交易所	猪肉、牛肉	1993年11月
成 都	四川粮油商品交易所	粮油	1993年11月
成 都	四川金属交易所	金属材料	1993年
成 都	四川农贸批发市场	农业生产资料	1992年8月
重 庆	重庆金属交易所	金属材料	1993年
广 州	华南商品交易所	石油、橡胶	1992年
南 海	广州钢材交易所	钢材	1993年8月
南 海	南海有色金属交易所	有色金属	1993年
深 圳	深圳有色金属交易所	有色金属	1992年1月
海 口	海南中商期货交易所	橡胶、咖啡、糖	1993年11月
烟 台	中国化工物资市场	化工产品	1992年
济 南	齐鲁金属交易所	金属材料	1993年
秦皇岛	秦皇岛煤炭批发市场	煤炭	1992年
内蒙古	东蒙煤炭交易所	煤炭	1992年3月
兰 州	甘肃有色金属交易所	有色金属	1993年

资料来源：孙尚清等著《中国市场发展报告》，中国发展出版社，1995。

在短短的一两年内，我国期货市场就发展到如此规模，这在世界期货市场发达的国家也是少有的。但总的来看，这为中国农产品期货市场的发展奠定了基础。但是这个时期我国期货市场相当多的组织者对期货市场并没有多少了解，有的甚至缺乏起码的知识，因此不少期货市场的管理和风险控制显得相当薄弱。加之当时期货经纪公司数量太多、竞争过度，少数投机大户肆意操纵市场，不仅严重扰乱了期货市场秩序，而且造成了一系列恶性期货风波，给社会稳定造成很大的负面影响[①]。

其一，期货交易所数量过多，交易品种重复。全世界的商品期货交易所加起来共有40多家，而我国在1993年期货市场刚刚起步时，就建立了50多家交易所。这些交易所的上市品种也重复。一些不符合期货特点的商品也被列为期货交易品种。有的城市两家交易所交易品种完全相同，还有的交易所近在咫尺，却同时做同一品种的期货交易。

其二，部分交易所和期货经纪公司运作不够规范。交易、风险管理制度不健全，难以保证交易的公平性，无法有效地控制风险，产生了大量的经济纠纷。

其三，盲目开展境外期货交易。在国内登记注册的近300家期货经纪公司中，2/3以上从事境外期货交易，而且大多从事投机业务。这些公司不是境外交易所的会员，只能通过外商代理，有的还要经过几级代理，不少客户的委托单根本到不了境外交易所，欺诈现象屡有发生。有的公司外汇来源不正当，采取各种手段非法套汇。

其四，地下交易盛行。一些以骗钱为目的的地下期货经纪公司在沿海地区的活动十分猖獗，它们不在工商管理部门登记注册，既没有固定的场所，也没有必要的资金和设备，私下开展期货交易，并且大多从事境外交易，引发了一系列的经济纠纷和社会问题。

---

① 曲立峰：《中国农产品期货市场发展研究》，中国社会科学出版社，2004，第13页。

这些问题的出现，不仅影响了期货市场功能的发挥，甚至还扰乱了正常的社会经济秩序，导致人们对期货市场的误解和非议。①

二 清理整顿阶段（1994~1995年）

这段时间里，中国农产品期货交易快速增长（见表3-2），1995年中国期货市场总成交量达63612万手，总成交额达10万亿元，其中农产品期货成交额占到一半左右。但是，中国农产品期货市场盲目发展和不规范引发了一系列问题，1993年11月4日国务院发布了《关于坚决制止期货市场盲目发展的通知》，并开始对期货市场进行清理整顿工作。即便这样，在这段时间里农产品期货交易仍主要集中在一些小品种上，尤其是绿豆、咖啡、红小豆等不具备期货市场发育所需要的较好现货市场条件的品种交易活跃，使得农产品期货交易中垄断和恶性炒作事件不断发生，甚至威胁到中国期货市场的生存与发展。

表3-2 各品种农产品成交额占中国农产品期货总成交额的比重

单位：%，万亿元

年 份	1993	1994	1995
大豆	30.23	13.35	5.25
豆粕	0.08	0.34	1.57
天然橡胶	7.28	0.86	18.15
小麦	0.03	0.37	0.41
玉米	9.01	7.78	15.59
棕榈油	—	4.46	—

---

① 殷晓峰：《转型经济中的期货制度创新论》，经济科学出版社，2001，第100~101页。

续表

年　份	1993	1994	1995
绿豆	21.98	44.75	54.20
籼米	3.44	4.10	2.26
高粱	—	—	0.22
咖啡	—	—	1.32
啤酒大麦	—	—	0.57
农产品总成交额	0.09	1.34	5.05

注:"—"表示该品种当年未上市交易,没有统计数据。
资料来源:根据中国期货业协会网站和《中国证券期货统计年鉴》(1999)有关数据计算。

为了贯彻《关于坚决制止期货市场盲目发展的通知》的精神,中国证监会于1994年3月30日上报了贯彻文件的实施意见,经国务院批准,国务院办公厅下发了《国务院办公厅转发国务院证券委员会关于坚决制止期货市场盲目发展若干意见请示的通知》,按此通知精神,实施了对我国期货市场一系列规范整顿的措施。

一是建立统一的期货监管机构。对期货市场试点工作的指导、规划和协调、监管工作由国务院证券委员会负责,具体工作由中国证监会执行,各级地方政府也指定了期货监管部门,各有关部门要在证券委员会的统一指导下与证监会密切配合,共同做好期货市场试点工作。由此确立了中国期货市场的监管机构和初步框架,开始了对期货市场的集中、统一管理。

二是清理期货交易所。停止了新办期货交易所的审批,并着手对现存的期货交易所进行清理,并在此基础上确立试点交易所。1994年10月,经国务院同意,中国证监会发文件批准郑州商品交易所、北京商品交易所、上海金属交易所、海南中商期货交易所、大连商品交易所、深圳有色金属期货联合交易所、苏州商品交易所、重庆商品交易所、沈阳商品交易所、上海粮油商品交易所、广东联合期货交易所等作为中国第一批试点期货交易所。另外,天津联合期货交易所、上海商品交易所、成都联合期货交易所、长春商品交易所等四家交易所根据"统一机构、统一结算、统一财务"的原则分别由同一城市的几家交易所合并组成。这四家交易所分别在1994年和1995年经中国证监会验收合格后取得试点交易所的资格。自此,经清理后全国共有15家期货交易所(见表3-3)。

表3-3 中国期货交易所及主要上市品种

交易所名称	交易所所在地	上市品种
北京商品交易所	北 京	绿豆、国债、线材、胶合板、玉米、大豆、菜籽油、白糖、红小豆、电解铜、特铝、纯碱、聚丙烯、聚氯乙烯、豆粕、小麦、精铜、精铝、大米、花生仁等
上海金属交易所	上 海	铜、铝、铅、锌、锡、镍
上海粮油商品交易所	上 海	粳米、大豆、绿豆、菜籽油、白砂糖、玉米、大豆油、红小豆、白小麦、红小麦、籼米
天津联合期货交易所	天 津	线材、白砂糖、大豆、天津红小豆、生铁、铜
上海商品交易所	上 海	胶合板、尿素、棉纱、汽油、柴油、重油、液化油、沥青、白砂糖、氯化钾、农膜、干茧、生丝、甲醇、天然胶、聚氯乙烯、线材、水泥
沈阳商品交易所	沈 阳	线材、1#铜、国债、特铝、胶合板、原木、螺纹钢
大连商品交易所	大 连	大豆、绿豆、玉米、大豆油、红小豆、小麦、大米、豆粕
长春商品交易所	长 春	大豆、绿豆、玉米、大豆油、红小豆、白小麦、大米、豆粕、国债
苏州商品交易所	苏 州	线材、桑蚕丝、桑蚕茧、螺纹钢、聚酯切片、涤纶低弹丝
郑州商品交易所	郑 州	大豆、绿豆、玉米、大豆油、红小豆、小麦、国债、芝麻、粳米、花生仁、铝、棉纱

续表

交易所名称	交易所所在地	上市品种
广东联合期货交易所	广 州	白砂糖、90#汽油、特铝、0#柴油、籼米、国债、玉米、豆粕、大豆
深圳有色金属期货联合交易所	深 圳	特铝、1#铜、1#镍、1#锌、白糖、玉米、轻柴油
海南中商期货交易所	海 口	棕榈油、白砂糖、国债、天然胶、胶合板、红小豆
成都联合期货交易所	成 都	大豆、绿豆、玉米、高粱、特铝、红小麦、豆粕、国债、棉纱、菜籽油、铜、桐油、线材、油菜籽、胶合板、冻白条肉
重庆商品交易所	重 庆	1#铜、高基铝、1#镍、13铅、1#锌、螺纹钢、线材

注：此表反映的是1994年8月以前各交易所上市的品种。

资料来源：孙尚清等著《中国市场发展报告》，中国发展出版社，1995。

三是清理整顿期货经纪公司。一律暂停审批注册新的期货经纪机构，已经成立的各种期货经纪机构，由证监会审核后，在国家工商局重新登记注册；中外合资期货经纪公司暂不重新登记；经重新审核不予登记注册的各种期货经纪机构，一律停办期货经纪业务；对期货经纪业的经营资格重新确定，实行经营许可证制度。这些措施的出台，控制了经纪公司盲目发展的混乱势头。

四是严格限定期货交易范围。对国有企事业单位参与期货交易要从严控制。执法部门及其所属单位不得参与期货经纪活动。严禁用银行贷款从事期货交易。未经中国银行和国家外汇管理部门批准，一律不得从事金融期货业务和进行外汇期货交易。

这次清理整顿的主要目标是停止不符合条件的交易所和期货经纪公司的期货业务，确定了试点交易所，对达到要求的期货经纪公司实行重新登记。这就从组织上堵住了期货市场混乱之源。

三 调整阶段（1996～2000年）

经过前一阶段的整顿，中国期货市场开始进入相对平稳的试点发展时期。但这次整顿后中国期货交易所过多、品种重复、布局不合理的状况并没有得到根治，交易所的组织形式决定的内在盈利倾向也没有得到遏制，各项交易、监控制度又极不完善。加之当时经济过热，社会上聚集了大量游资，这些游资在期货市场上大肆炒作，先后制造了多起风险事件——红小豆风波、大豆风波、绿豆风波、橡胶风波等都是过度投机、恶意炒作的结果。面对这种局面，中国证监会进一步加大了调整和整顿的力度。

1997年和1998年政府加大了对期货市场的调整，进一步压缩期货交易所、期货经纪公司以及期货交易品种。1998年8月，国务院下达《关于进一步整顿和规范期货市场的通知》（以下简称《通知》），确定了"继续试点，加强监管，依法规范，防范风险"的十六字原则，对中国期货市场实施了又一次大的调整：对现有的数家期货交易所进行整顿和撤并，只在上海、郑州和大连保留三家期货交易所。期货交易的品种由35个压缩到12个，其中上海保留铜、铝、天然橡胶、胶合板、籼米五个品种，郑州保留绿豆、小麦、红小豆、花生仁四个品种，大连保留大豆、豆粕、啤酒大麦三个品种，各交易所品种不再重复设置。除铜、铝、大豆等三个品种最低交易保证金比例维持5%不变外，其余9个品种的最低交易保证金比例提高到10%。另外，对期货经纪机构进行清理整顿，将期货经纪公司最低注册资本金标准提高到3000万元，促进期货经纪公司合并重组，严禁国有企业违规从事期货交易，严禁信贷资金、财政资金以任何形式流入期货市场，金融机构不得为期货交易提供融资或担保。取缔非法期货经纪活动，严格控制境外期货交易，加快法律建设，进一步加强对期货市场的监管。

按照《通知》的精神,期货市场的机构调整工作全面展开,期货经纪公司注册资本金的调整在1999年9月30日前完成,经调整后正常运作的公司共有150家左右,一批不符合条件的公司被清理出去。保留的三家期货交易所也于1999年12月分别召开会员大会,顺利完成了交易所的整顿和撤并。

1999年6月国务院颁布了《期货交易管理暂行条例》,并于1999年9月1日起施行。与之相配套的四个管理办法《期货交易所管理办法》《期货经纪公司管理办法》《期货经纪公司高级管理人员任职资格管理办法》《期货业从业人员管理办法》也于1999年9月1日正式实施。交易所、期货经纪公司的有关规章、制度也据此进行了完善和调整。条例和四个管理办法的实施,确立了我国期货市场试点中基本的法规体系,也加强了对期货市场的法制监管,使之逐渐向规范化发展,我国期货市场的建设迈上了一个新台阶,标志着我国期货试点工作进入了一个新阶段。经过这段时间的调整,中国期货市场的法规体系和制度框架已基本构建,中国农产品期货市场的规范化程度有了较大提高。在整个调整时期,中国期货市场交易量持续下降,农产品期货交易也在不断萎缩,2000年中国期货市场成交额不到1995年的1/5,农产品期货仍占中国期货市场成交额的绝大多数,尤其从2000年起中国农产品期货交易已经开始趋于向原料性大宗农产品集中(见表3-4)。

表3-4 各种农产品期货成交额占中国农产品期货总成交额的比重

单位:%,万亿元

年 份	1996	1997	1998	1999	2000
大豆	11.05	19.37	22.12	36.26	73.77
豆粕	1.18	2.74	0.67	—	2.04
天然橡胶	19.01	14.35	3.16	1.59	8.67
小麦	0.03	0.25	2.57	0.49	15.13

续表

年　份	1996	1997	1998	1999	2000
玉米	0.03	0.007	—	0.002	—
棕榈油	0.20	0.04	—	—	—
绿豆	42.48	45.89	67.81	61.65	0.40
籼米	1.33	0.02	0.06	0.04	—
高粱	1.43	0.77	0.14	—	—
咖啡	13.67	7.55	—	—	—
啤酒大麦	1.35	0.003	—	—	—
其他	8.24	9.02	3.48	—	—
农产品总成交额	6.72	5.42	3.05	1.77	1.03

注："—"表示该品种当年未上市交易没有统计，或该品种已被撤销。

资料来源：根据中国期货业协会网站和《中国证券期货统计年鉴》（1999~2001）有关数据计算。

四　规范发展阶段（2001年以来）

2001年3月，"十五"规划纲要首次提出"稳步发展期货市场"，为中国期货市场多年的规范整顿画上了句号；2002年党的十六大报告提出要正确处理"虚拟经济和实体经济的关系"，不仅为期货市场进一步发展扫除了理论认识方面的障碍，也预示着中国期货市场发展新阶段的到来。从2001年开始，期货市场逐步趋于活跃，出现恢复性增长，并于2003年超过之前的最高水平，全年成交金额达到10.84万亿元，其中农产品期货占77.1%；2004年农产品期货成交额稍有下降，但近年来一直稳步上升，尤其是期货市场发育或功能发挥所要具备的现货市场条件比较好的原料性大宗农产品期货的交易越来越活跃（见表3-5）。自2007年3月起，国务院和证监会陆续颁布了有关期货交易、期货交易所以及期货公司等的条例和办法，为中国期货市场的进一步稳健发展营造了良好的宏观环境。

表 3-5 各农产品期货成交额占中国农产品期货总成交额的比重

单位:%,万亿元

年 份	2001	2002	2003	2004	2005	2006	2007
大豆	88.32	—	—	—	—	—	—
黄大豆1号	—	71.05	39.88	46.62	27.32	3.49	14.33
黄大豆2号	—	—	—	0.08	0.34	0.71	0.01
豆粕	2.95	5.82	7.87	17.58	21.84	10.55	14.98
天然橡胶	0.25	14.82	42.73	18.89	18.43	39.94	33.38
小麦	8.48	8.31	—	—	—	—	—
强麦	—	—	3.92	5.66	6.68	3.63	5.79
硬麦	—	—	5.61	4.51	0.36	0.01	0.003
玉米	—	—	—	1.75	6.50	14.60	7.59
棉花	—	—	—	4.90	18.53	2.21	1.66
白糖	—	—	—	—	—	16.84	13.49
豆油	—	—	—	—	—	8.03	8.32
菜籽油	—	—	—	—	—	—	0.22
棕榈油	—	—	—	—	—	—	0.23
农产品总成交额	2.17	2.71	8.36	7.72	8.47	13.95	26.13

注:①"—"表示该品种当年未上市交易或没有统计。②2003年3月强筋小麦上市,小麦分为强麦和硬麦上市交易;大连商品交易所2002年3月推出修改后的黄大豆1号合约,2004年12月推出黄大豆2号合约。

资料来源:根据中国期货业协会网站和《中国证券期货统计年鉴》(2002~2007)有关数据计算。

第二节 中国农产品期货市场的现状

中国的农产品期货市场近年来得到了快速的发展,具体表现在上市品种、交易规模和结构、价格发现效率、交易中介与交易主体等方面。

一 我国农产品期货市场目前上市的品种

目前,中国农产品期货市场的品种以及组织结构格局基本延续了1998年国务院对期货市场进行整顿和结构调整后的状态。提供农产品期货合约交易的期货交易所压缩至3家,而且各交易所的交易品种不再重复设置。2003年3月郑州商品交易所新推出优质强筋小麦合约,是中国期货市场自1995年初至2000年6月清理整顿后首次上市的新品种,随后几年里不断有新的农产品期货品种上市或重新上市。新品种的上市或者重新上市,促进了中国农产品期货品种结构的不断完善。上市交易期货品种达23种,其中农产品期货品种占了13个,交易比较活跃的农产品主要有大豆、豆粕、豆油、天然橡胶、玉米、强麦、白糖等(见表3-6)。从表3-6可以看到,我国农产品期货市场的上市品种基本覆盖了粮、棉、油、糖等大宗农产品品种,在某些品种上还形成了统一的上下游体系,如大连商品交易所上市了大豆、豆粕、豆油等品种。

表3-6 中国目前正在上市挂牌交易的农产品期货品种

交易所	成立时间	交易的农产品品种
大连商品交易所(DCE)	1993年2月	黄大豆1号、黄大豆2号、豆粕、玉米、豆油、棕榈油
上海期货交易所(SHFE)	1999年5月	天然橡胶
郑州商品交易所(ZCE)	1993年5月	强麦、硬麦、棉花、白糖、菜籽油、早籼稻

资料来源:根据郑州商品交易所、大连商品交易所、上海期货交易所网站资料整理。

二 我国农产品期货市场的交易规模和结构

根据美国期货业协会(FIA)日前发布的全球69家主要衍生

品交易所2008年交易量（含代为清算的场外市场衍生品）统计分析报告，我国三大商品期货交易所——大连商品交易所、郑州商品交易所和上海期货交易所2007年成交量保持高速增长，全部跻身全球衍生品交易所交易量前十六名，全球排名由2007年的第17、24、27位分别跃升至第10、13、16位。其中，郑州商品交易所以139.2%的增速被誉为"全球增长最快速的交易所"。据统计，2008年在全球成交前10名的农产品期货和期权当中，我国期货品种占据七席，它们分别是白糖期货、黄大豆1号期货、豆粕期货、玉米期货、天然橡胶期货、豆油期货、强麦期货。其中，白糖期货成交量增长264%，与黄大豆1号期货、豆粕期货牢牢占据全球农产品期货及期权成交量的前三位。白糖期货在2、3、4、5、7、12月份的日均交易量在世界农产品及软商品市场中位居第一。

据FIA数据，2008年中国11.15亿手的商品期货交易量占全球商品期货交易量的37.36%；农产品期货交易量为6.8亿手，占全球农产品期货期权市场份额的63%，其中大连商品交易所农产品期货交易量为3.06亿手，占全球农产品期货期权市场规模的34%，继续位列全球第二大农产品交易所。2008年郑州商品交易所的白糖期货、大连商品交易所的黄大豆1号期货和豆粕期货交易量分别达到0.8亿手、0.57亿手、0.41亿手，其中白糖期货的成交量增长了264%，该品种与黄大豆1号期货、豆粕期货牢牢占据全球农产品期货成交量的前三位。

2010年我国期货市场的总交易量达313352.93万手，其中农产品期货市场各品种的交易量也迅速增长。我国期货市场不仅发端于农产品，而且农产品期货在整个期货市场中也一直占有重要地位，尤其是1998~2002年，农产品期货在我国期货市场的比重占到70%以上。2003年以后比重有所下降，这是由一些新品种如金属、化工类产品以及金融期货品种的上市及其迅速发展导致的，但从绝对量看，我国农产品期货市场的交易量仍然增长迅速。

从品种上看，农产品的持仓量和成交量继续维持高位。据统计，豆粕作为明星品种，其成交量在所有品种中排名第一位，白糖也超过了2亿手，排名第二位。从持仓量来看，豆粕和白糖分列第二、第三位。

从国际影响力看，我国商品期货市场在全球期货市场中的地位也在稳步提升，已成为仅次于美国的全球第二大商品期货市场。根据美国期货业协会（FIA）对全球69家衍生品交易所的最新统计，2011年，郑州商品交易所、上海期货交易所和大连商品交易所分列第11、14、15位。郑州商品交易所较2010年上升1位，上海期货交易所和大连商品交易所分别下降3位和2位。

在成交量前20名的农产品期货和期权合约中，郑州商品交易所的棉花、白糖和上海期货交易所的天然橡胶依次位居前三名。大连商品交易所的豆油、豆粕、玉米、大豆、棕榈油和郑州商品交易所的强麦分列第5、6、9、10、14、20位。

三　我国农产品期货市场的价格发现的效率明显提高，为现货经营者提供了决策依据

近年来，通过不断完善合约规则、增强市场流动性，我国农产品期货市场中的各品种期货价格的有效性不断提高。如刘庆富等利用信息共享模型与波动溢出效应模型对我国大豆和小麦的期货、现货市场之间的价格发现进行了多层次的实证研究，得出我国农产品市场的价格发现能力和运行效率正逐渐提高。刘凤军等认为我国大豆期货市场的投机成分在减少，价格发现功能在提高，市场效率在提高。张树忠、李天忠、丁涛通过计算我国农产品期货价格指数并检验其与CPI的关系，发现我国农产品期货价格指数

对 CPI 有先行指示作用。杨晨辉、刘新梅、魏振祥等运用误差修正项模型和基于 t 分布的双变量 EC – EGARCH（1，1）模型对我国玉米、白糖的期货、现货价格的关系进行了研究，研究发现：玉米和白糖的期货、现货价格之间存在长期稳定和相互引导的关系，并且期货市场对现货市场的引导强于现货市场对期货市场的引导。

就单个品种来看，目前我国农产品市场化程度比较高的大豆的期货价格的有效性得到了广泛的认可，其与现货价格和国际市场均具有较高的相关性。如黄大豆 1 号期货价格与现货市场和美国芝加哥期货市场均保持着高度相关性（见图 3 – 1 和图 3 – 2）。目前，大连商品交易所（DCE）的大豆期货与国际主要期货交易所及国际现货市场的大豆价格之间表现出很强的正相关性。在国内外期货市场的相互影响中，"中国因素"通过期货市场间的影响融入国际大豆贸易价格。中国作为全球最大的大豆需求国，其供需情况的变化以及相应的采购行为对世界大豆产业有着重大影响。据统计，2008 年大连商品交易所的大豆期货价格与芝加哥商业交易所（CME）的大豆期货价格以及美国、阿根廷和巴西的大豆现货价格具有高度相关性，相关系数分别为 0.9732、0.9568、0.9579、0.9039（东京谷物交易所大豆期货由于活跃度不足，各地与其相关系数均相对偏弱，但 DCE 与 TGE 的相关系数仍达 0.8613）（见表 3 – 7）。研究还表明，DCE 大豆期货合约在利润率和风险波动率等方面的指标对 CME 大豆期货合约也存在明显的传导效应。这种紧密的价格联系为价格发现功能的实现提供了保障。

目前，大连商品交易所的大豆、豆粕和豆油期货合约，构成了完整的大豆产业链合约组合，而且具有很强的流动性，为大豆加工、贸易等现货企业套期保值、规避风险提供了良好的平台，成为企业调整经营策略和方向的指示器。根据我们的调查，目前中国大豆产业链各类企业对期货价格的参考程度普遍较高，平均达到 85.94%，其中贸易商对期货价格的参考程度最高，达到 93.85%。

表 3-7 大连商品交易所大豆期货价格与国际大豆期、现货价格的相关性

内容	DCE	CME	TGE	美国现货	阿根廷 FOB 现货	巴西 FOB 现货
DCE	1.0000	0.9732	0.8613	0.9568	0.9579	0.9039
CME	—	1.0000	0.7984	0.9867	0.9828	0.9656
阿根廷 FOB 现货	—	—	0.8051	0.9776	1.0000	0.9483
巴西 FOB 现货	—	—	0.7048	0.9612	—	1.0000
美国现货	—	—	0.7690	1.0000	—	—
TGE	—	—	1.0000	—	—	—

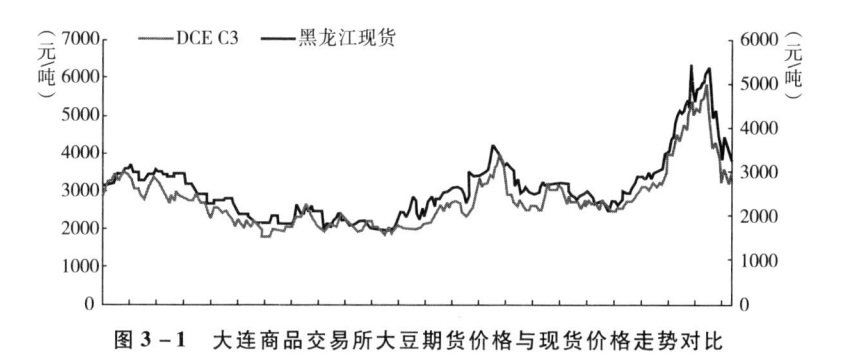

图 3-1 大连商品交易所大豆期货价格与现货价格走势对比

图 3-2 大连商品交易所（DCE）、芝加哥期货交易所（CBOT）大豆期货价格走势对比

近年来，郑州商品交易所的"郑州价格"正受到社会各界的高度重视，目前已经成为国内外关注我国农产品市场供需形势的重要窗口，成为世界小麦、棉花和白糖等领域的主要参考价格之一。

目前，越来越多的涉农企业开始参考期货价格指导现货贸易。河北省粮食集团、西安爱菊油脂公司、湖北银丰棉花股份公司（以下简称"银丰公司"）等企业成立期货部，跟踪期货价格走势，通过分析期货市场信息为企业现货经营提供决策依据。河南金粒麦业有限公司（以下简称"金粒公司"）在每次进行现货贸易时都要参考期货价格。2008年4月，周口益海粮油有限公司欲从金粒公司购买4000吨小麦，买方出价为0.895元/斤，而金粒公司则以其订单小麦品质一致性好、能达到期货交割标准为由，参考期货价格，坚持提高价格，最终以0.91元/斤成交。

郑州商品交易所的棉花期货自上市以来，便一路引领棉花现货价格走向。2008年，受国际金融危机影响，我国纺织品出口受阻使得棉花需求严重不足，棉花期货预期了现货市场的价格走势，在2008年3月创下15440元/吨的价格新高后开始持续下跌，最低跌至11月中旬的10180元/吨。11月份，随着国家不断加大棉花收储力度，期货价格也逐步回升，主力合约CF905从11月初的最低10180元/吨上涨至12月底的11865元/吨。棉花期货价格使棉纺企业不再雾里看"花"，成为企业经营决策的重要依据，并开始发挥指导现货经营的作用。银丰公司、湖北银海棉业公司（以下简称"银海公司"）就是运用棉花期货价格倒推出籽棉收购价。2008年，在棉花期货价格上涨到15400元/吨时，银海公司果断地在期货盘上下单卖出。15400元/吨的期货价折算成籽棉价格为2.9元/斤，银海公司便以此价格与棉农签订单。该价格高于市场价，对棉农具有吸引力，故此稳定了当地棉花的种植面积。

四 期货市场交易中介与交易主体状况分析

1999年以来,中国大连商品交易所、郑州商品交易所和上海期货交易所的会员总数稳步增长,目前每个交易所都有200个左右的会员,其中经纪公司会员数逐年增长,占会员总数的80%以上(见表3-8)。

表3-8 中国期货交易所会员情况

单位:个

年 份	1999	2000	2001	2003	2005	2006	2009
大连商品交易所	148	162	183	197	194	189	190
郑州商品交易所	221	216	208	218	222	226	210
上海期货交易所	206	216	225	219	215	209	215

资料来源:《中国证券期货统计年鉴》(1999~2009)。

截至2009年底,大连商品交易所会员总数达190个,投资者开户数达360358个,其中企业开户数达到13490个。2009年底,郑州商品交易所会员总数为210个。2009年底,上海期货交易所共有会员215个,几万个交易者参与天然橡胶的交易,同时在全国各地开通了200个远程交易终端席位。可见,伴随近几年来中国农产品期货市场良好的发展势头,社会各方对期货市场规范发展的认同程度显著提高,入市意愿明显增强,参与农产品期货交易的交易者范围不断扩大。

总的来说,中国农产品期货市场以个人投资者为主,法人投资者比重偏低,尤其缺乏机构投资者。以大连商品交易所为例,2000年大豆、豆粕期货交易者中法人的比重只有15.3%,2004年注册客户中法人比重下降到4.47%,近几年随着个人投资者的迅速增加,该比重还有下降趋势,到2007年11月,该比重下降到3.74%。从全国范围来看,我国期货市场56万客户中,只有1.4

万法人客户。这些法人客户中约 90% 还都是小户、个体户。300 家国有大型企业和 1600 家上市公司中，不到 10% 涉及期货套期保值业务，经过国家批准的只有 30 多家。而国际水平是，2003 年跨国公司 500 强中 92% 运用了套期保值，2005 年有 94% 运用了套期保值。在我国，社会上对期货市场有一些误读，长期以来，在许多国人的脑海中，期货市场似乎可以直接与"投机"画等号。公众对期货市场的认识非常片面。

近年来，中国在改善期货市场投资者结构方面有所进展。2003 年 1 月出台的《关于期货经纪公司接受出资有关问题的通知》，取消了对非银行金融机构和外商投资企业参股期货经纪公司的限制，引发了期货经纪公司的增资扩股热，多家期货经纪公司的注册资本普遍由 3000 万元增至 1 亿元左右。2004 年 7 月证监会出台的《关于期货经纪公司设立、解散、合并有关问题的通知》，规定国内期货经纪公司最低注册资本为 3000 万元且必须为实缴货币资本，这使得一些规模小、交易少的期货经纪公司不得不退出期货市场。据中国期货业协会 2006 年的统计，全国已有约 1/3 的期货经纪公司具有券商或上市公司背景，2007 年 4 月开始实施的《证券公司为期货公司提供中间介绍业务试行办法》也鼓励了这种做法。2007 年 9 月底证监会的统计数据表明，中国 182 家期货经纪公司注册资本总额达到了 87.49 亿元，平均注册资本额为 4807 万元，保证金总量约为 300 亿元；注册资本达到并超过 1 亿元的期货经纪公司达到 27 家，其中，16 家具有券商背景，这些期货经纪公司因被券商收购大大提高了资本额。同时，随着期货市场交易量的大幅增长，传统期货经纪公司保证金规模屡屡突破净资本警戒线，也推动了许多期货经纪公司大幅提高注册资本。所有这些都将使中国农产品期货市场的交易中介和交易主体结构逐渐趋于合理化、多元化。

第三节 我国农产品期货市场存在的问题

一 我国农产品期货市场的上市品种覆盖面较窄

虽然近年来我国不断有新的品种上市,但从全球商品期货品种的总体情况来看,中国的期货品种(包括农产品)还很少。我国目前上市交易的所有品种加起来才23个,农产品期货品种才13个,不要说与美国相比,即使和同为发展中国家的印度比,差距也相当大(印度目前上市交易的共有100多个品种)。我国目前上市的农产品期货品种,虽然覆盖了粮、棉、油、糖等大宗农产品,也在某些品种如大豆产业中形成了完整的产业链,但从总体来看,其覆盖的范围依然较窄。如我国还没有畜产品期货上市,在我国,猪、鸡、牛等都是很大的产业,关系着广大农民的切身利益;在果蔬领域中我国目前也没有期货品种上市,事实上在这些领域中也有一些可以作为期货品种上市的,如苹果汁、橘子汁、橙汁等都可以在期货市场上市;在我国还有一些具有比较优势的品种如花生、葵花籽等都可以作为期货品种加以开发。而且,近年来这些畜产品、果蔬类、油脂类等品种的价格波动较大,对这些产业的生产经营者来说没有工具可以用来规避其价格波动的风险,使得这些产业的相关经营者面临巨大的价格风险,因此这些产业的生产经营规模难以有效扩大。与工业及其他领域相比,农业生产的特点是,不仅面临着市场风险,而且还要面临巨大的自然风险。一般来说,规避自然风险由农业保险来实现,但我国的农业保险一直发展滞后,近年来还有明显的萎缩趋势,其原因主要是开展农业保险利润较小而风险太大,保险公司无力承担相关风险,而国家在这方面的政策又不到位。天气期货的出现为解决这个问题提供了一个新的思路,利用天气期货可以锁定农业领域中的自然风险,从而为农业生产提供更好的保障,但由于上市品种机制及合约设计等原因,天气期货在我国的推出看来尚需时日。

二 我国农产品期货市场的交易规模依然较小

虽然我国农产品期货市场的交易量和交易额近年来取得了显著的增长,但与我国巨大的现货规模以及国民经济的实际需求相比仍然有着较大的差距。目前,我国农产品期货市场的交易规模在世界范围内所占的份额依然微小,如以我国期货市场上交易规模较大的大豆(目前我国大连商品交易所是世界第二大豆期货市场)为例,从交易量上看,大豆期货的市场规模虽然较大,但我国大豆的期货合约规格较小,与芝加哥商业交易所(CME)大豆合约的规格比为 1:13.6。一般情况下,期货规模与现货规模之间存在一定的正相关性。2008 年,芝加哥商业交易所(CME)大豆和豆粕合约期现倍数分别为 59 倍和 40 倍,而大连商品交易所(DCE)大豆和豆粕合约期现倍数分别是 21 倍和 26 倍。从以上数据可以看出,与期货市场最发达的美国相比,中国大豆期货市场的流动性仍显不足,规模有待扩大。

三 交易主体的结构明显不合理

期货市场中的交易主体主要包括套期保值者和投机者。在农产品期货市场中,套期保值主体主要是农产品的生产经营者,目前我国农产品期货市场的套期保值主体明显不足。首先,作为生产者的我国农民由于生产规模、经济实力及文化素质等方面的限制,与一般市场的对接尚比较困难,其作为套期保值者进入农产品期货市场是不现实的,这就从根本上制约了我国农产品期货市场的发展,使得我国农产品期货市场的发育先天不足,虽然在我国的东北地区农民关注期货市场的程度已经达到58.24%，但参与期货市场的农民却依然寥寥无几。在期货市场比较发达的国家如美国，作为生产者的农民通过各种形式利用期货市场成为期货市场中最为基础的套期保值主体，这是其农产品期货市场发展的根基。其次，作为相关农产品经营者的企业是农产品期货市场的另一套期保值的主体，但在我国由于体制等方面的制约，国有企业参与期货市场的激励不足，同时也受到国家相关政策的限制，从而导致国有企业极少参与期货市场。伴随着中国农产品期货市场功能的逐步发挥，许多民营现货企业已经在利用期货市场过程中获得了经验与收益，其中不乏许多经典案例，但就整个市场而言，企业利用期货市场的比例较低。以大豆产业为例，从参与交易的法人数量与现货企业总体数量来考察，中国大豆企业参与期货交易的比例约为9%。而根据马斯特里赫特技术与组织机构经济研究所（METEOR）2003年的调查研究结果，国际市场油脂油料产业中各类主体利用衍生品工具的平均水平已经达到48.9%，美国大豆期货市场现货企业参与规模是中国的5.21倍。相比之下，中国产业客户参与期货市场程度还比较低，许多产业客户还没有充分参与到期货市场中来。最后，目前还存在另一个问题，就是即使参与了期货市场交易，也有许多企业对套期保值存在认识误区，在期货市场出现负收益情况时一些企业无法接受，其实应将期货市场当作一个结合现货的风险管理工具，企业在此方面的认识有待进一步提高。

从期货投资者的结构来看，目前我国农产品期货市场仍然由散户占主导地位，真正的机构投资者极为缺乏，尽管近年来我国期货市场法人开户数量不断上升，但其增长速度远远低于期货市场成交量的增长速度，机构投资者在期货市场投资者结构中的占比仍然偏小。如以大连商品交易所的大豆为例，随着大豆期货市场的成熟,参与的投资者越来越多。以大豆1号合约为例,2002年大豆投资客户为2.4万户,2008年已经达到18万户。其中,以现货企业为主的法人客户由902户增加到2658户,但这些法人客户所占的比例却依然不足1.5%。

第四章 农产品期货市场在促进农业发展中的作用分析

第一节 农产品期货市场在农业发展中的作用

农产品期货市场具有风险规避和价格发现的基本功能，以此为基础，在促进农业发展的过程中它可以起到重要的作用，具体可体现为以下几方面。

一 利用农产品期货市场促进土地流转，推动农业适度规模经营，实现农业现代化

无论从理论还是实践的角度看，农业现代化和农业经营规模之间都没有必然联系，一些国家或地区如日本、韩国和中国台湾等均在小规模经营的基础上实现了农业现代化。但我国目前的超小规模经营和耕地的细碎化从劳动生产率、新技术和先进经营管理方法的推广应用等方面都严重影响着农业现代化的实现。因此，推进农业的适度规模经营无疑将会加速我国农业现代化进程。而且随着我国工业化、城镇化的快速推进，通过土地流转实现适度规模经营也具备了现实可能性。进入21世纪后，我国农地流转快速发展，数据显示，2010年底，全国土地承包经营权流转面积达2.07亿亩，占农户承包耕地总面积的16.2%。但与非农就业率的

迅速提高相比，目前的土地流转明显滞后，多数离土离乡的农民并不乐意流转所承包的土地，且不同地区的土地流转存在显著差异。出现这种现象的原因是多方面的，如农户家庭的农地控制权偏好尚未得到本质性替代。农地控制权偏好存在的根本原因在于我国户籍制度改革的滞后，绝大多数农村劳动力和他们的家属得不到在城市永久居住的法律认可，也无法享受户籍制度包含的各项社会福利。

土地流转是目前学术界研究的热点问题，但大多数学者是从土地流出者的角度去探讨这个问题的，如哪些因素使得人们不愿将土地转手。但土地流转过程中不仅有流出者，还有流入者，随着各地户籍制度改革的推进，制约土地流出者流转土地的因素会逐渐减少，问题就会逐渐转向土地流入者。对于土地流入者而言，是否流入土地同样受多种因素影响，最主要的就是流入土地的成本和收益，根据我国目前的规定，流入的土地不能用于非农业用途。众所周知，农业是一种弱质产业，受自然风险和市场风险的双重影响，因此，土地流入者必然要能够规避这些风险、获得相应收益才愿意流入土地。期货市场为解决这个问题提供了一条途径，土地流入者通过在期货市场上规避价格变动风险从而获得较为稳定的收入，这有利于提高其扩大农业经营的积极性，从而推动农业适度规模经营。

位于安徽省六安市的庆发集团2005年起涉足粮油产业。为了保证原料供给的稳定性，集团首先牵头组建了农民专业合作社，让农民成为合作社成员，然后以合作社为单位，根据自愿原则，与农户签订土地流转协议，公司每年支付农民承包费用450元/亩至600元/亩，承包价格根据市场行情每6年做一次调整。但在收成不确定、菜籽油价格持续波动的情况下，企业如何保证按时支付农民土地租金？如何保证自身持续盈利？这需要公司建立一种化解价格风险的机制，期货套期保值为公司提供了一个思路和途径。庆发集团为期货套期保值设立了专业的部门和规范的操作流程，安排相关部门对套保方案的实施进行全程监控，并帮助分析和解决执行过程中的问题。专业的期货部门和相互制约的运作流程，使期货业务得以稳定开展，也保持了企业套保的"单纯性"。自从参与菜籽油期货套保以来，庆发集团的土地流转经营推行得越来越快。参与期货套保不仅使企业经营量和利润得到增长，更重要的是保证了农民的稳定收益。根据农民专业合作社法，合作社要将每年的利润向社员分红，庆发集团实施的分红比例为合作社利润的60%，参与土地流转的农户收入增加明显。

利用期货市场套期保值探索土地流转模式可以说是一个突破口，因为它能够化解企业从土地流转中所转嫁过来的农产品价格风险，这是土地流转得以持续的关键。

二 农产品期货市场执行规范交割标准，提高农产品质量，促进农业标准化进程

国内外农业发展的实践经验表明，农业标准化是促进科技成果转化为生产力的有效途径，是提升农产品质量、增强农产品市场竞争力的重要保证，是提高经济效益、增加农民收入和实现农业现代化的基本前提。加快农业标准化进程，是21世纪新阶段推进农业产业革命的战略要求。推进农业标准化可以促进农业结构的战略性调整，实现优化结构、提高质量和效益，还可以通过农业标准化带动农业生产专业化和区域化，进而推动农业的战略性结构调整。同时，推进农业标准化是保障农产品质量和消费安全的基本前提，也是促进农业科技成果转化和推进产业化经营的有效途径，农业标准化还是增强农产品国际竞争力和调节农产品进出口的重要手段。同时，由于我国标准"门槛"低，加之检测能

力弱，客观上为国外农产品大量进入我国市场提供了便利，在此形势下，加快建立符合国际规范和食品安全要求的农业标准化体系，使其承担起扩大出口、调节进口的作用，已成为当务之急。加快推行农业标准化，是推动和促进现代农业建设的重要力量。现代农业，不仅要求农产品品种标准化、农业生产技术标准化，也要求农业生产管理标准化，还要求农业市场规范、农业信息建设标准化。建设现代农业的过程在某种程度上就是农业全方位标准化的过程，没有农业的标准化，就谈不上建设现代农业。

期货交易的品种都是等级严格的标准化产品（见表4-1、表4-2），在质量、品级方面的规定都是在长期实践和科学论证的基础上确立起来的，有着丰富的理论和实践经验；由于期货以现货为基础，期货标准实际上也是可以参照利用的现货标准，为农业标准化中一系列标准的建立提供了许多现成的内容和可借鉴的经典材料。期货市场在交易、交割、结算等方面都是按照规定的程序进行的，为建立规范运行的农产品现货市场提供了很多可借鉴之处；期货市场的信息，特别是价格信息的来源具有权威性、科学性，既为标准化的农业信息化建设提供了信息来源，同时也是其标准化建设的参照标准。期货市场的规范运行以及农产品期货交割标准和等级的严格设定，为建设和推进农业标准化提供了参考和指导。

表4-1 玉米期货合约交割标准品品质技术要求

容重（克/升）	杂质（%）	水分（%）	不完善粒（%）		气味色泽
			总量	其中：生霉粒	
≥685	≤1.0	≤14.0	≤8.0	≤2.0	正常

资料来源：大连商品交易所网站。

第四章 农产品期货市场在促进农业发展中的作用分析

表4-2 玉米期货合约质量差异扣价

项　　目	标准品质量要求	替代品质量要求	替代品扣价（元/吨）
容重（克/升）	≥685	≥660且<685	-20
水分（%）	≤14.0	>14.0且<14.5	0
生霉粒（%）	≤2.0	>2.0且≤4.0	-25

资料来源：大连商品交易所网站。

棉花期货上市前，棉花混等混级、"三丝"、水分超标现象十分严重，大部分加工企业甚至不清楚棉花国标的内容和基本要求。棉花期货上市后，由于有了明确的期货价格和确切的质量标准（国标），加工企业树立了"优质优价"意识，强化了质量标准化意识，改进了加工工艺，棉花国家标准得到了更有效的执行。2005~2008年，我国约有2%的棉花通过期货市场流通。在对99家使用期货交割棉的纺织企业调研后发现，纺织企业对期货交割棉的质量满意率达93%，有些纺织企业根据用棉量分月通过期货市场买入棉花，既锁定了成本，又得到了高质量的棉花。

湖北银丰棉花股份有限公司通过合作社利用期货市场有效提高了棉花的质量水平，其做法如下：种棉前，通过选种为农民提供3~4个优良品种，每亩再补贴合作社棉农15元种子款（国家直补25元），同时，启动了湖北省棉花种植保险试点，棉农每种一亩棉花可获得400元的保障，覆盖面积8万亩，保障金额3200万元，涉及农户1.5万户，有效化解了棉农生产的自然灾害风险；种棉中，为合作社社员提供统一批发的化肥、农药（价格比市场价低，质量有保证）；在棉花生长的关键阶段，专门聘请潜江市棉麻局工作站、省级棉花专家李小平主任做生产技术指导服务；协助农技站编印《农技小报》，编印《棉花中后期技术要点》，并发放到每一户合作社社员手中；收获时，合作社指导棉农科学采摘。棉花合作社提前把棉包、棉袋、棉帽免费送到棉农家中，指导棉农做好"四分"工作，防止"三丝"混杂，收购时实行优质优价，使棉农辛辛苦苦种出的棉花能卖个好价钱。通过系列化的服务，合作社棉农掌握了植棉的技术，棉花的产量和质量不断提高。

三 利用农产品期货市场促进农业产业化和农民组织化

农业产业化就是把农业中的生产、加工和销售环节有机联系起来。这种形式于20世纪80年代后期首先在山东兴起，随后扩展到全国，在提高农民收入、促进农业发展等方面起了重要作用。农业产业化的主要组织形式从"企业+农户"逐渐演变为以后的"企业+生产基地+农户"、"企业+农业协会+农户"、"企业+合作社+农户"。通过这种机制，农业经营中的风险在企业和农户之间进行了重新配置，保证了产销的顺利进行。但在这种模式中，风险只是在企业和农户之间发生了转移，并没有消失，当农产品价格出现大起大落时，企业或农户就会遭受重大损失，从而威胁到农业产业化的顺利运行。若要保证农业产业化的顺利运行，就需要一种机制把风险转移出去，使风险能在更大范围内被分配。而期货市场就提供了这种机制，企业通过参与期货市场把价格变动风险转移给愿意承受风险的投机者，使风险在全社会范围内实现了重新配置，从而保障了企业的稳健运行，进而推动农业产业化的顺利进行。

近年来，农业领域中"小农户"与"大市场"的矛盾成为人们关注的焦点，解决这个问题关键在于建立农民合作组织，让农民组织起来共同应对市场风险。2007年《中华人民共和国农民专业合作社法》实施以来，我国农民合作组织发展迅速，截至2010年6月底，在工商部门登记的农民专业合作社达31万家左右，全

第四章 农产品期货市场在促进农业发展中的作用分析

国平均每两个行政村就有1家合作社,实有入社农户2600万户左右,约占全国农户总数的10%。

但总体来看,我国农民专业合作社尚处于发展的初期阶段,普遍存在规模小、运作不规范、经营范围狭窄等问题。目前我国农民专业合作社的主要业务局限于联合购买农资、联合销售农产品、提供科技信息等,且我国农民专业合作社的资金实力较弱。因此,农民专业合作社在发展过程中面临多种风险,比如农资、农产品价格的大幅起落足以导致其倒闭或覆灭,这势必严重阻碍农民专业合作社的发展,进而影响农民组织化程度的提高。期货市场为农民专业合作社提供了一种转移风险的机制,通过期货市场转移所面临的经营风险,农民专业合作社能获得稳健的发展。从国外的经验看,农民专业合作社是期货市场的一支重要力量,在组织农民利用期货市场方面发挥着中流砥柱的作用。事实已经证明,农民专业合作社在缓解"小生产"与"大市场"的矛盾、推动农业产业化发展的过程中作用明显。"企业+合作社+农户"是探索解决"小生产"与"大市场"矛盾的一种重要的经营方式,但这种以订单或合同为纽带的合作关系无法避免价格波动所造成的履约风险。实践证明,利用期货市场有助于解决企业与农户之间的履约风险问题,"订单+期货"的模式提高了现货订单的履约率,实现了"小生产"与"大市场"的有效对接。合作社将分散的农户组织起来,进行统一的生产经营管理,有利于提高农民的组织化程度。由于合作社为社员提供了实在的利益,农民参与合作社的热情越来越高。

以湖北银丰金城棉花专业合作社为例,2010年,合作社社员已超过7000户,植棉面积5万多亩;合作社与农村基层政权组织功能不同,具有互补效应。各地合作社在建立和运行过程中,逐步与农村"两委"(党支部委员会和村民委员会)重合乃至融合,为"两委"在新时期的职能转变带来了契机。据介绍，河南省延津小麦协会建立初期，70%~80%的中心会员（相当于合作社领导）由村干部兼任。"两委"与合作社互惠互利、相互补充、相互促进，提升了农村社会的凝聚力，建立了和谐的干群关系，维护了农村社会的稳定。

四　农产品期货市场通过多种渠道增加农民收入

农民收入是一个综合性指标，也是农业现代化水平的集中反映。近年来，我国农民收入结构发生了重大变化，务工收入在农民总收入中所占的比例逐年提高。但应该看到，在农民总收入中来自农业经营的收入依然占很大比例。因此，如何稳定和提高来自农业经营的收入对提高农民收入依然意义重大。

农产品期货市场为农民种植结构调整提供了风向标，有助于解决农产品"卖难""价低"等难题，在推动产业化生产、丰富涉农企业的经营方式等方面发挥了积极作用，有利于做大企业反哺农民，从而在多方面增加农民收入。

首先，农民可以利用期货价格，判断行情走势，并与收购商讨价还价。2008年6月新菜籽上市时，菜籽油期货809合约价格在12500元/吨左右，折算成菜籽价格约合2.7元/斤。但油厂开秤价定得比较低，有的甚至将开秤价定在1.9元/斤。很多农民将菜籽油期货价格折算为菜籽价格后，认为菜籽收购价格定得太低，因此纷纷惜售。油厂在和农民僵持10天后终于妥协，把菜籽收购价格从1.9元/斤直接提高到2.4元/斤，但农民还是惜售。随后油厂不得不把收购价格涨到每斤2.6元、2.7元、2.8元，四川地区甚至出现3元/斤的历史天价。与2007年相比，农民平均卖价从1.7元/斤提高到2.7元/斤，平均每亩增收250元（每亩按250斤计算），增幅达58%。据不完全估计，2008年全国菜籽销售收入较上年增加 200 亿元。

其次，农产品期货市场能为企业规避风险，企业在自身业务实现稳健经营并有所发展的同时，增强了对农业及农民的反哺能力。比如河南省延津县的金粒公司借助期货与现货并举的经营优势，利用期货与期权知识的基本原理，把与农民单纯一买一卖的收购方式拓展为代农储粮、保值储粮、保值订单等多种形式，农民可以根据自己的需要自主选择：一是先将粮食存到公司，待日后认为价格理想了再进行结算；二是现款现粮，及时结算；三是与公司签订保值订单的农户，可以把粮食先存到公司，到 9 月份结算，结算价格为 6、7、8、9 月四个月中的最高市场价格，确保农民能享受粮价上涨的收益。

合作社为社员集中供应生产资料，提供机耕服务、技术信息、病虫害防治等一系列服务，从而降低各自分散经营的成本。根据延津县金粒小麦协会提供的一份数据，在实施"订单农业"后，通过延津金粒小麦协会的带动，河南延津县农民科学种植、管理优质小麦，节约成本，提高质量，增加了收入。其中生产环节每亩节约种子 5 公斤，节约种子款 10 元；配方施肥每亩节约 20 元；统一用药每亩节约 5 元。合计每亩节约成本 35 元。收购环节实行优质优价，每公斤较市场价高 0.10 元，按亩产 400 公斤计算，共多收 40 元。事后订单履约奖励每公斤 0.03 元，增收 12 元。良种良法增产 50 公斤，增收 100 元。符合期货标准每公斤奖励 0.02 元，增收 8 元。共计亩均增收 190 多元。这一数据大大超过国家补贴金额（河南为 85 元/亩）。2008 年，安徽大平合作社的社员由于使用了优质、高产的油菜种子，按照科学方法施肥、管理，平均每亩产量达 200 多公斤，平均每亩增产 75 公斤，收购价格由上年的每公斤 4 元提高到 5.9 元，合作社社员平均每亩油菜增收 600 元以上，总共增收 36 万多元。

五 农产品期货市场丰富涉农企业经营方式,服务企业规避风险、增收增效

据农业部农村经济研究中心调查,在河南、河北和山东的小麦企业中,有30%的企业参与期货市场,其中67%的企业利用小麦期货进行套期保值转移价格风险,33%的企业利用期货指导生产和经营。涉农企业通过在期货市场套期保值规避价格风险,降低了银行放贷风险,推动了涉农信贷的进一步发展。湖北省农发行依据棉花收购进度、棉花收购量和套保头寸确定企业棉花收购贷款额度,企业在期货市场上的套保头寸越多,获取贷款额度就会越大。

2007~2008年榨季,由于种植面积扩大和单产提高,食糖大幅增产,出现严重供大于求的状况;加上国际金融危机影响,食糖价格暴跌,制糖企业承受巨大压力。面对不利环境,糖业企业更积极参与期货市场套期保值。据农业部农村经济研究中心调查,2008年,广西地区有67%的制糖企业利用白糖期货套期保值,而全国有300多家食糖生产、贸易、消费企业参与期货市场套保,占规模以上糖业企业的85%以上。糖业企业通过套期保值,顺利度过了行业危机,部分企业还获得了较好的经济收益。据广西糖业协会测算,通过套期保值操作,广西制糖企业至少减少40亿元的损失。广东金岭糖业集团(以下简称"金岭糖业")利用白糖期货,创新生产经营方式,锁定生产成本,实现稳定收益。金岭糖业在非榨季的主要业务是用白砂糖加工绵白糖。2008年,相对于白糖价格的大幅下跌,绵白糖下跌幅度相对较小,到7月份,二者之间的价差扩大到了500元/吨左右,远远超过用白砂糖加工绵白糖的成本(每吨不超过200元)。于是,金岭糖业决定在期货市场上以3150元/吨的价格买入白糖807合约,通过交割完成现货原料

的采购，并同时以3700元/吨的价格签订绵白糖销售订单。由于同时锁定成本和售价，金岭糖业在这次贸易中获得了无风险收益，扣除加工费和运输费用之后，每吨收益200多元。

湖北银丰棉业公司通过利用期货市场，在经营上由被动变为主动，由过去的"抢"棉花、"赌"市场，到现在通过订单稳住货源，利用期货市场锁定风险和利润。2008年2月底至3月初，棉花期货CF807合约与现货的基差近2500点，银丰公司在迅速分析未来国内棉花产业形势后，决定在CF807合约上进行大胆的全额套保。当时现货成本在13700元/吨，后来基差逐步缩小，在基差大约为1000点时，公司在销售现货的同时将期货空头平仓，现货平均每吨亏损500元，期货平均每吨赚取1500元，每吨棉花赚取了1000元的基差利润。将现货和期货结合起来，销路和价格都有保证，公司的利润也大大增加。

六 农产品期货市场有利于加快农业信息化建设

农产品期货市场本身就是农产品信息中心，它对发展农业信息化的功效表现在：一是健全农业信息收集和发布制度，整合涉农信息资源，推动农业信息数据收集整理规范化、标准化。二是促进建设一批标准统一、实用性强的公用农业数据库。三是积极发挥气象为农业生产和农民生活服务的作用，如国外的天气期货，为农业生产规避由天气变化而带来的自然灾害起到强大的市场引导作用。郑州商品交易所高度重视"郑州价格"的发布工作，多年来一直通过路透社、彭博资讯、易盛信息、世华财经等10余个信息系统向国内外同步发送，近年来，郑州商品交易所又建立了农产品期货价格短信平台系统，将郑州农产品期货价格及时传播给政府主管部门、农业企业和农民，并定期编制农产品期货市场信息月报、季报和年报，报送国家和地方有关政府机构，这些措施都有力地促进了农业信息化的建设。

七 培育新型农民

在传统农业阶段,农业经营主要依靠世代口口相传的经验,在人口流动性极小的熟人社会中连文字都成为多余。但现代农业是依靠现代科技和现代经营管理方法来经营的。因此,农民必须了解并掌握相关的科技知识和经营管理方法,农业现代化的实现归根结底要靠现代农民。通过参与期货市场,农民能够掌握农业经营的相关知识,诸如农产品价格的变化、影响价格变化的因素、国家的相关政策等,这无疑能够有力地促进现代农民阶层的形成。

第二节 期货市场在农业结构调整中的作用探析

一 引言

农业结构通常是指一个国家或地区农业内部各个组成部分的质和量的比例。根据经济学原理,农业结构调整可以定义为:农业生产活动中劳动、资本、土地及其他自然资源等生产要素的供给与使用的重新配置。因此,农业结构调整范畴应包括农业经济结构的各个方面所发生的变化,同时还应包括国民产业的增加以及其他一些相关因素的相互作用。它是当前农业工作的中心任务,是提高农业效率、发展农村经济、增加农民收入的战略措施。农业结构调整是随着农业、农村以及社会生产力的发展逐步进行的,是一个循序渐进、不断优化的动态过程。

本文所讨论的农业结构与布局的调整,是相对狭义的农业结构的调整,主要是指种植业内部的结构,即粮食与经济作物以及其他作物的比例,它是最原始、最基本的结构;广义的农业的内部结构，即农林牧渔等产业之间的结构，不涉及农村中第一、第二、第三产业的调整问题。

农业结构调整是我国国民经济战略性结构调整的重要组成部分，是农民增收的重要途径，也是1998年以来我国农业工作的重点。1998年12月下旬召开的中央农村工作会议明确提出我国农业发展进入了一个新阶段，农产品供给由长期短缺变成总量基本平衡、丰年有余，农业的发展不仅受到资源的制约，还受到市场的制约。中央出台了一系列政策，促进农业结构调整，千方百计增加农民收入。2004年和2005年中央一号文件也强调调整农业结构，实现农民增收。2006年《中共中央国务院关于推进社会主义新农村建设的若干意见》明确要求，推进现代农业建设，强化社会主义新农村建设的产业支撑。建设现代农业，必须按照高产、优质、高效、生态、安全的要求，着眼于促进农民增收，大力调整和优化农业结构。

学者们也对农业结构调整问题进行了广泛的研究，主要集中在以下方面。一是探讨农业结构调整的经济效应和效率，如农业结构调整是否促进了农业生产率的提高，农业结构调整是否增加了农民收入等。宋洪远等把农业结构调整的经济效应总结为提高农业生产效率，促进农业发展。张明林等认为农业结构调整的主要作用是提高农业资源配置效率，对整个国家的农业总量扩大不会产生显著影响。李国祥通过对1998~2003年统计资料的分析，认为农业结构调整的收入效应是存在的：随着农业结构调整的推进，农产品市场交易量不断扩大，农户家庭经营第一产业现金收入始终保持增长；农业结构调整与农户家庭经营第一产业现金纯收入增长之间存在互动关系。二是如何进行农业结构调整，农业结构调整应依据什么来进行。中国人民银行上饶中心支行课题组认为资金问题已成为当前农村产业结构（包括农业结构）优化升级的主要障碍。他们强调重视并发挥我国农村政策性金融在促进农村产业结构变动升级中的作用。高峰等通过对寿光蔬菜产业集群的分析，发现农业产业集群对农业结构调整有着显著作用。龙方（2005）认为信息在农业结构调整中起着非常重要的引导作用。除此以外，一些文献还探讨了我国农业结构的现状及趋势，以及各个地方的农业结构调整问题。

从以上讨论可知：首先，农业结构调整是一个动态过程，不存在经过一次调整就可以一劳永逸的事情，因为人们的爱好兴趣的不断变化将导致其需求的变化，而人们需求结构的变化要求农业结构做出相应的调整，所以农业结构必须根据社会需求的变化不断调整，这就决定了农业结构调整是长期存在的，不是经过几次调整就可以万事大吉了。那种认为我国农业结构调整的工作已经完成的观点无疑是错误的。其次，农业结构调整本身即意味着农业的发展，因为发展内含着结构优化，农业结构调整对农民收入也有着重大影响，有效的农业结构可以大幅增加农民的收入，学者们的研究也证实了这一点，有些人得出农业结构效应很小甚至没有效应的结论很可能是因为结构调整本身存在问题，即农业结构并没有得到优化。这表明农业结构调整对我国"三农"问题的解决有着重大意义，即使从我国粮食安全的角度看，结构调整问题也有着重大意义，2009年4月8日国务院常务会议原则通过了《全国新增1000亿斤粮食生产能力规划（2009-2020年）》。规划指出，到2020年，中国粮食生产能力将达到11000亿斤以上，比现有产能增加1000亿斤；耕地保有量保持在18亿亩，基本农田面积15.6亿亩，粮食播种面积稳定在15.8亿亩以上，粮食单产水平达到700斤。在我国耕地面积不可能增加的情况下，通过对现有作物的品种结构进行调整，推广高产、优质的品种就是一条可行的路径。最后就是如何对农业结构进行调整，从目前的情况看，无论是理论界还是实务部门都普遍接受了依据市场进行结构调整的基本原则,从以上的探讨也可以看出这一点,但我们在依据市场进行结构调整的时候往往出现滞后的情况,即依据现有的市场需求进行了农业的结构调整以后,待农产品收获时市场需求却又发生了变化,在经济学中这种情况被称为"蛛网现象",目前这种情况在我国比较普遍,"蛛网现象"的大量发生无疑给我国农业资源带来了极大的浪费。这种情况之所以发生,其原因在于我们在结构调整时依据的只是现货市场的信息,而不是期货市场的信息。从现有文献的讨论中可以看出,无论是依据信息、产业集群还是强调资金的支持作用都没有解决现货市场信息的滞后性问题,和现货市场信息不同,期货市场的信息具有前瞻性和预测性,能够很好地解决这个问题,在发达国家,由于期货市场的发展,农业领域中的"蛛网现象"已趋于消失。在我国的农业结构调整中,虽然有人注意到了期货市场的作用,但并没有给予足够的重视,理论界对期货市场在农业结构调整中作用的探讨也极为罕见,其原因是我国期货市场刚刚发展起来,在功能发挥上也有很大的局限性,再加上初期的盲目发展给人们留下了不好的印象,这些都限制了其作用的发挥。但随着我国期货市场的规范和健康发展,其功能和作用的发挥理应受到更为广泛的重视,从农业结构调整的角度看,农产品期货市场有极大的潜力,本文试对这一问题进行探讨。

二 我国农业结构的现状及存在问题分析

(一)我国农业结构的现状分析

1. 我国种植业内部的结构

种植业中粮食作物播种面积比重下降,经济作物和其他作物比重明显上升。粮食作物比重从 1995 年的 73.43% 下降到 2010 年的68.38%，经济作物和其他作物所占比重从1995年的26.57%上升到31.62%（见表4-3）。农产品品种和品质结构有所改善，农产品质量有了一定提高，卫生状况不断改善。我国种植结构以粮菜油果为主，棉麻糖烟茶为辅；粮食作物面积在下降一段时间以后，从2006年开始增加，这是受我国农业政策调整的影响所致，如国家提供种粮补贴等，但继续按照利益法则调整种植结构的格局依然存在。2007年总播种面积比上年有所增加，其中粮食、棉花种植面积有所增加，糖料、蔬菜、茶园、果园的面积增加得比较多，麻类、油料、烟叶面积下降，其中油料面积下降较多，由于从2004年起国家采取了促进粮食生产的重大举措，粮食面积回升较快（见表4-4）。相关数据显示，我国主要粮食品质结构不断优化，2008年优质小麦、水稻种植比重分别达到55%和69%。[①]

表4-3 我国主要农作物种植结构的变化

单位：%

指标 年份	总计	粮食	油料	棉花	麻类	糖料	烟叶	药材	蔬菜、瓜类	其他农作物
1995	100	73.43	8.74	3.62	0.25	1.21	0.98	0.19	7.08	4.49
2000	100	69.39	9.85	2.59	0.17	0.97	0.92	0.43	11.06	4.70
2004	100	66.17	9.40	3.71	0.22	1.02	0.82	0.84	12.83	4.99
2005	100	67.07	9.21	3.26	0.22	1.01	0.88	0.78	12.82	4.78
2006	100	68.98	7.72	3.82	0.19	1.03	0.78	0.55	12.41	4.52
2007	100	68.84	7.37	3.86	0.17	1.17	0.76	0.63	12.76	4.44
2008	100	68.34	8.21	3.68	0.14	1.27	0.85	0.76	12.88	3.86
2009	100	68.70	8.61	3.12	0.10	1.19	0.88	0.74	13.08	3.58
2010	100	68.38	8.64	3.02	0.08	1.19	0.84	0.77	13.31	3.76

资料来源：《中国统计年鉴》(2011)。

---

① 《国家粮食安全中长期规划纲要（2008-2020年）》，http://www.022net.com/2008/11-14/424370243284289.html。

表4-4 我国主要农作物种植面积分析

单位：千公顷

指标 年份	总计	粮食	油料	棉花	麻类	糖料	烟叶	蔬菜	茶园	果园
2000	156300	108463	15400	4041	262	1514	1437	15237	1089	8932
2001	155708	106080	14631	4810	323	1654	1340	16402	1141	9043
2002	154636	103891	14766	4184	338	1872	1328	17353	1134	9098
2003	152415	99410	14990	5111	337	1657	1264	17954	1207	9437
2004	153553	101606	14431	5693	332	1568	1266	17560	1262	9768
2005	155488	104278	14318	5062	335	1564	1363	17721	1352	10035
2006	152149	104958	11738	5816	283	1567	1189	16639	1431	10123
2007	153464	105638	11316	5926	263	1802	1164	17329	1613	10471
2008	159238	106793	12825	5754	221	1990	1326	17876	1719	10734
2009	162403	108986	13654	4949	160	1884	1391	18390	1849	11140
2010	164512	109876	13890	4849	133	1905	1345	19000	1970	11544

资料来源：《中国统计年鉴》(2011)。

2. 农林牧渔等产业之间的关系

种植业产值比重明显下降，养殖业比重上升。1978~2010年，种植业产值占农业总产值的比重从80.0%下降到53.3%；畜牧业产值所占比重从15.0%上升到30.0%；渔业所占比重从1.6%上升到9.3%；林业所占比重几经升降，从1978年的3.4%到2010年的3.7%，比重基本持平（见表4-5）。虽然当前在我国农业结构内部种植业相对萎缩，但仍然是主体，自2004年国家采取促进粮食生产的重大举措后，从2006年起种植业的比重有所上升。与此相应，畜牧业、渔业的比重则有所下降，2007年畜牧业的比重大幅度上升后又有所下降，2010年下降为30.0%；渔业比重则持续波动，有升有降。

表4-5　1978~2010年部分年份我国农业结构变化

单位:%

年份	种植业	林业	畜牧业	渔业
1978	80.0	3.4	15.0	1.6
1980	75.6	4.2	18.4	1.7
1985	69.2	5.2	22.1	3.5
1990	64.7	4.3	25.7	5.4
1995	58.4	3.5	29.7	8.4
1996	60.6	3.5	26.9	9.0
1997	58.2	3.4	28.8	9.6
1998	58.0	3.5	28.6	9.9
1999	57.5	3.6	28.5	10.4
2000	55.7	3.8	29.7	10.8
2001	55.2	3.6	30.4	10.8
2002	54.5	3.8	30.9	10.8
2003	50.1	4.2	32.1	10.6
2004	50.1	3.7	33.6	9.9
2005	49.9	3.5	33.8	10.2
2006	52.7	3.9	29.6	9.7
2007	50.4	3.8	33.0	9.1
2008	48.4	3.7	35.5	9.0
2009	51.0	3.6	32.3	9.3
2010	53.3	3.7	30.0	9.3

资料来源:《中国农村统计年鉴》(2010)。

(二) 我国农业结构中存在的主要问题分析

1. 农产品总体质量不高,优质品种少,不能满足市场对优质化、多样化农产品的需求

随着短缺经济的结束,我国居民的恩格尔系数已经降低至40%以下,人们对农产品品种和质量有了新的、更高的要求,农产品的需求结构发生了很大变化,新、特、奇、优、名、安成为农产品需求的新特征。但是，从农产品的品种和质量结构来看，我国农产品供给体现出以下特征：大路产品多优质产品少，低档产品多高档产品少，普通产品多专用产品少，原始产品多加工产品少。从目前情况看，我国农产品的优质率仍有待提高。例如，发达国家专用面粉有上百种，其产量占面粉总量的90%以上，而我国专用面粉不过十几种，其产量不足面粉总产量的40%，大量的专用面粉长期依赖进口。世界人均奶类占有量为80多千克，而我国只有6.13千克。以河北生猪生产为例，尽管优良品种覆盖率已接近90%，但规模养殖的饲养量却不足饲养总量的15%，全省每年2000多万头出栏生猪绝大部分为脂肪猪，真正瘦肉型优质生猪不足10%。[1] 一些农产品卫生质量近年有下降的趋势，这不仅危害了消费者的健康，在社会上造成不良影响，而且损害了我国农产品在国际上的声誉，许多农产品的出口因此频频受阻。

2. 部门结构不合理

目前，在农业部门结构中，种植业与林业、畜牧业和渔业的比例失调，种植业的比重依然偏高，而其他行业的比重偏低，特别是畜牧业的发展相对滞后。除日本外，我国种植业比重大大高于其他国家，但畜牧业产值又明显低于这些国家。1985年，美国、法国、英国畜牧业产值在农业产值中的比重已分别高达49.98%、53.7%和60.8%，形成了"种植—畜牧"并举的格局，而我国畜牧业产值在农业产值中的比重即使到2010年也仅为30%，差距相当大。具体到粮食生产上，我国粮饲不分，粮食既做口粮，又做饲料，这样做不仅不经济，也不科学，还增加了土地和粮食供给的压力。在饲养业中，畜牧业结构长期偏重于耗粮型的养猪业生

---

[1] 陈吉元、彭建强、周文斌：《21世纪中国农业与农村经济》，河南人民出版社，2000，第94页。

产，节粮型的草食畜牧业和饲料报酬率、蛋白质转化率高的禽类生产则发展不足。

3. 政府行为不规范，增加了农业结构调整的成本和风险

相当一部分地方对农业结构调整存在一定的盲目性和趋同性，在思路上对结构调整内涵理解不到位。部分乡镇干部、农民对农业结构调整工作缺乏系统性、长期性、艰巨性、多因素性认识，特别是不少地方存在政府以行政命令强制实行调整的行为，没有尊重农民的主体地位和自主经营权，导致调整背离农民的意愿，违背市场规律，使得农业结构调整大起大落。还有个别主要领导注重当前"数字政绩"，对短期内难以出成果的农业结构调整工作畏难情绪大。政府"越位"，就会拔苗助长，而政府"缺位"，农业结构调整将是一句空话。

4. 市场体系发育不健全，社会化服务体系不健全

市场体系发育不健全。农民调整农业结构要以市场为导向，要根据市场需求来决策生产什么、生产多少。由于我国农产品市场体系不完善，影响了农民调整生产结构的积极性，主要表现在：市场设施建设不适应农产品交易要求，农产品交易形式落后，市场信息不灵，农民不能及时准确地感受农产品供求信息；全国统一开放的农产品市场还未形成，制约着农产品流通的规模和范围，进而制约着农业生产的区域布局和专业化分工。

社会化服务体系不健全。农业结构调整是一项社会化的系统工程，产前要进行信息收集、市场调研和可行性分析，产中要有系统的技术支持，产后要进行销售、储运、加工等。所有这些单靠农业生产者显然力不从心，需要社会中介服务组织为农业结构调整提供上述服务。而政府提供这些服务属尽义务而非契约意义上的责任，缺乏稳定性、连续性、可靠性，增大了农业结构调整的风险和难度。

5. 农产品市场交易的不稳定性不利于农业结构调整的深化

我国农业生产区域化和专业化正在形成,这一过程可能使农产品市场波动更加明显,从农业固有的风险来看,市场风险越来越成为制约农民增收的主要矛盾。农业风险主要包括自然风险、技术风险和市场风险。提高农业综合生产能力,发展农业保险事业,可以降低或者转嫁农业的自然风险和技术风险,但无法克服农产品的市场风险,随着农业生产区域化和专业化水平的提高,农民收入增长越来越依赖市场。因此,市场变化无常,不但妨碍农业结构调整的收入效应的发挥,也会对农业结构调整的深化产生不利影响,农民面对变化无常的市场,也就很难从事专业化生产。没有农产品交易的稳定性和可持续性,农民根据市场的变化,会反复地调整农业结构。因此,无论是出于增加农民收入,还是促进农业结构调整的目的,实现农产品市场交易稳定,应是我国农业发展的重要着力点[①]。

从以上论述可以看出,目前我国的农业结构是不合理的,无论是从社会需求的角度,还是从与其他相关国家的对比都可以看出这一点,这种不合理的农业结构对增加农民收入、更好地满足消费者的需求、"三农"问题的解决甚至整体国民经济的发展都是不利的。现实情况要求我们必须调整这种不合理的农业结构,但在实践中,农业结构的调整却受到诸多因素的制约,尤其是在缺乏期货市场的条件下,农业结构调整的效果大打折扣。实践要求我们在农业结构调整中要重视期货市场的作用。

三 期货市场在农业结构调整中的作用分析

期货市场对农业结构的调整可以起到重要的引导作用,同时

---

① 李国祥:《农业结构调整对农民增收的效应分析》,《中国农村经济》2005 年第 5 期。

在农业结构调整过程中对农业发展保驾护航，对农业结构调整的成果起到保障作用。这些作用的发挥是靠期货市场的功能来实现的。一般认为期货市场具有价格发现和风险规避的功能。

(一) 期货市场的价格发现功能及在农业结构调整中的作用

目前多数人都接受了农业结构调整要依据市场来进行的原则，但市场机制包括供求机制、价格机制、激励机制、竞争机制和风险机制等，我们应该依据什么来进行农业结构调整呢？研究认为：价格机制是市场配置资源机制系统中最为灵敏有效的杠杆，也是市场机制中最直接的调节机制，在市场机制中处于核心地位。一般来讲，在某种产品市场上，价格上升会降低消费需求，相应地，供给大于需求，生产者因此会降低对资源投入的需求，要素市场上资源供给大于资源需求，资源配置的速度和数量就会降低，这就影响了资源实现效用最大化的客观需要，在利益引导的作用下，资源流向其他能够实现其效用的产品生产。相反，如果该产品价格上升，资源就会流入该产品的生产中。相比而言，资源流入的产业或产品必定能够带来比资源流出的产业或产品更多的利润，这也满足了资源本身的最大化效用需求和投资者利润最大化的目的。这样，价格机制就实现了资源的优化配置，通过这种方式，农业结构调整即可达到其目标。期货市场具有价格发现功能，而且和现货价格相比，期货价格有其独特的优点，在农业结构调整中能够发挥重要作用。

1. 价格发现功能及其原因

所谓价格发现功能，一般是指在期货市场通过公开、公平、公正、高效、竞争的期货交易机制，形成具有真实性、预期性、连续性和权威性期货价格的过程。价格发现功能是借助期货交易这种完全由供求法则决定的有组织的市场形态来实现的。期货市场为买方和卖方提供了一个持续评估供需因素和其他市场指标的

第四章 农产品期货市场在促进农业发展中的作用分析

集中场所，并基于对目前市场信息和未来价格走势的分析，来实现交易、发现价格。

期货市场之所以具有价格发现功能，其原因如下。首先，期货交易的参与者众多，汇聚了众多的生产者、销售者、加工者、进出口商以及投机者等，成千上万的买家和卖家聚集在一起进行竞争，可以代表供求双方的力量，有助于价格的形成。其次，期货交易中的交易人士大多熟悉某种商品行情，有丰富的经营知识和广泛的信息渠道以及一套科学的分析、预测方法。他们把各自的信息、经验和方法带到市场中去，结合自己的生产成本、预期利润，对商品供需和价格走势进行判断、分析和预测，报出自己的理想价格，与众多对手竞争。这样形成的期货价格实际上反映了大多数人的预测，因而能够比较准确地反映供求变动趋势。最后，期货交易的透明度高，竞争公开化、公平化，有助于形成公正的价格。期货市场是集中化的交易场所，自由报价，公开竞争，避免了现货交易中一对一的交易方式容易产生的欺诈和垄断行为，因此，期货交易发现的价格具有较高的权威性。

2. 期货价格的优点

和现货市场价格相比，期货价格有其独特的优点，其主要表现在以下方面。

（1）期货价格具有预期性。

现货市场的价格是在交易过程中所形成的现时的价格，这种价格只能反映当时的供求关系，虽然在一定程度上影响了未来生产和消费的预期，但并不能真实地反映未来的价格走势。当我们以现货价格为基础进行农业结构调整时，往往会造成经济学上所说的"蛛网现象"，在现实生活中则表现为年年调整结构，效果却难以让人满意。其原因是现货价格具有某种程度的滞后性。

而在期货市场中，期货交易者大多熟悉某种商品行情，有丰富的经营知识和广泛的信息渠道以及比较完善的分析和预测方法，他们结合市场中本行业的生产成本、预期利润对商品供求和价格走势进行分析和判断，报出自己的理想价格，与众多的对手竞争，这样形成的期货价格实际上反映了大多数人的预测，因而能够反映供求变动趋势。因此，期货价格具有对未来供求关系及其价格变化趋势进行预期的功能。

正是由于期货价格具有预期性，以此为基础进行农业结构调整才不至于落入"蛛网困境"，发达国家正是靠期货市场摆脱了"蛛网现象"的困扰。

（2）期货价格具有连续性。

现货市场中，实物交易一旦达成一个价格，如果买入实物的一方不再卖出该商品或者不是马上卖出该商品，新的商品交易就不会再产生或不会马上产生，从而就不可能有一个连续不断的价格。而期货交易则不然，它是买卖期货合约的交易，实物交割的比例非常小，交易者买卖期货合约的本意大多不是为了实物交割，而是利用期货合约做套期保值交易或投机交易，因而，在买进或卖出后，必须再卖出或买进相同数量的期货合约，同时，期货合约是标准化的，转手极为便利，买卖非常频繁，这样，就能不断地产生期货价格。因此，期货价格是连续不断地反映供求关系及其变化趋势的一种价格。

（3）期货价格具有公开性。

现货市场大多是分散的，现货交易主要以一对一的形式存在，有些价格是私下达成的，甚至作为公司的商业秘密不对外公开。期货价格则是集中在交易所内通过公开竞争达成的，依据期货市场的信息披露制度，所有在期货交易所达成的交易及其价格都必须及时向会员报告并公之于众，通过传播媒介，交易者能够及时了解期货市场的交易情况和价格情况，并能迅速传递到现货市场。

(4) 期货价格具有竞争性。

现货市场的交易大多是通过个别交易、分散谈判的方式进行的，而且现货市场多是分散的，价格是私下达成的，因此竞争性受到了极大的限制。而期货价格是买卖双方通过各自的经纪人在交易所通过公开竞价确定的，交易者都力图以对自己最有利的价格成交，并完全根据价格变化来采取行动，由于交易者不知道对手是谁，不存在因某种偏好一定要向某人出售或购买的情况，从而保证了交易的竞争性。

(5) 期货价格具有权威性。

正是因为期货价格真实地反映了供求及价格的变动趋势，具有较强的预期性、连续性和公开性，所以在期货交易发达的国家，期货价格被视为一种权威价格，成为现货交易的重要参考依据，也是研究世界市场行情的依据。

基于期货价格的上述特点和优点，期货价格可以有效地弥补现货价格的不足，对于在相应期货市场存在的商品，以期货价格为指导，在市场经济的运行过程中将能够更充分地发挥价格机制的作用。通过期货交易，可以将市场多层次、多样化的需求表现为对农产品数量、质量、品种、规格等的具体要求，为农业结构调整提供市场信号和导向。农户按照期货市场传递出来的信息进行生产，使农产品的生产结构更适应市场需求结构，可以有效地缓解农产品供需的结构性矛盾，使农业资源的配置合理化，带动农业结构的调整和农村经济的发展。

(二) 期货市场规避风险的功能及在农业结构调整中的作用

在农业结构调整过程中，风险是无时不在的，正是风险的存在使得农业结构调整的效果受到很大影响。一般认为，和工业相比，农业具有天然的弱质性，因为农业不仅要承受市场风险，还要承受自然风险。农业保险可以在一定程度上缓解农业的自然风险,但对市场风险却无能为力。相关研究表明,市场风险已经成为我国农民所要面对的主要风险,所以,如何规避农产品的市场风险就是目前亟待解决的问题。对于农业结构调整来说,市场风险往往使得农业结构调整的成果化为乌有,从而极大地打击农民调整农业结构的积极性,从这个角度说,怎样规避农产品的市场风险对农业结构调整来说至关重要。期货市场的一个重要功能就是规避风险,在农业结构调整中应充分运用期货市场的这种作用。

期货市场的风险规避功能是通过套期保值这种操作来实现的,套期保值是指在期货市场上买进或卖出与现货数量相当,但交易方向相反的商品期货合约,以期在未来某个时间通过卖出或买进同等数量的期货合约来补偿因现货市场价格波动所造成的实际价格风险的交易。套期保值之所以能够规避价格风险是基于以下两大经济学原理:一是商品期货价格和现货价格走势方向一致。在期货市场和现货市场两个各自独立的市场,由于特定商品的期货价格和现货价格在同一市场环境内会受到相同经济因素的影响和制约,因而一般情况下两个市场的价格变动趋势相同。二是当期货合约到期日临近,期货价格和现货价格之间趋向一致。由于套利因素的存在,通过期货交割保证了期货价格与现货价格在到期日临近,两者趋向一致。期货交易在合约到期时一般进行实物交割,到交割时,如果期货价格和现货价格不一致,就会存在套利行为,使得期货价格与现货价格趋于一致。

在以往的农业结构调整实践中,由于农产品价格波动缺乏避险工具,因而农业结构调整失败的例子屡见不鲜,有了期货市场以后,就可以在期货市场中运用套期保值操作使生产者规避农产品的价格波动风险,从而有效保障其收益,保护农业结构调整的成果,激励农民调整农业结构,使农业结构调整能够顺畅地进行下去。

四 案例分析

近年来，河南省延津县的"小麦经济"受到了广泛重视，被业界称为"延津模式"。简单地说，"延津模式"的内涵是：以工业化理念为指导，以市场化机制为手段，实施小麦经济战略，走出一条兴粮、富农、强企、增收的小麦经营产业化之路。

延津县位于河南省北部，地处黄河故道，全县总面积947.5平方公里，辖3个镇，12个乡，341个行政村。总人口48万（2004年），其中农业人口41万人，占总人口的85%。全县耕地面积63万亩，盛产小麦、花生、玉米、大豆、绿豆等，正常年景小麦产量在25万吨左右，为全国"商品粮生产基地县"、首批"优质专用小麦生产基地县"和"河南省小麦出口基地县"。

2003年郑州商品交易所推出优质强筋小麦期货，这种小麦期货合约以国标二等硬冬白小麦为交割标准，只有优质品种小麦才能达到交割要求。因此，小麦期货价格比农民种植的低品质混合小麦价格每吨高200元左右，企业收购小麦时根据品质要求实行优质优价，极大地调动了农民种植优质小麦的积极性。事实上农民只要能看到实惠，不用政府强迫就会积极扩大种植面积。在小麦期货价格信号的引导下，延津县小麦种植结构调整步伐开始加快，优质小麦的种植面积迅速扩大，1998年全县优质小麦种植面积只有0.8万亩，2003年扩大到60万亩，增长了74倍；2007年优质小麦种植面积更是高达80多万亩，占该县耕种面积的90%以上，农民人均收入增加220元。

与此同时，延津县的金粒小麦协会通过"企业+农户"、"订单+期货"的方式积极参与期货市场，开展套期保值业务以规避小麦价格波动的风险。小麦协会与全县10万农户41万农民签订优质小麦订单，在小麦期货市场上做套期保值。目前，"订单+期货"的经营模式已经在延津县取得了多赢的效果,一方面,它使农民生产的小麦适应了市场的需要,卖出了好价钱,农民收入不仅有了可靠的保障,而且还实实在在地增加了;另一方面,小麦龙头企业在与分散的农民签订小麦种植订单的同时,通过小麦期货市场开展套期保值,规避了经营风险,确保了订单的履约。近两年,延津县小麦订单履约率均达到 100%,而在其他小麦主产县,没有通过期货市场套期保值的小麦订单,履约率则只有 20%左右。"订单+期货"模式的实行,有力地促进了当地优质小麦的推广。

在该案例中,虽然延津县有发展优质专用小麦的自然优势,但在其发展初期,优质小麦的种植面积并不大,1998 年全县优质小麦的种植面积只有 0.8 万亩。因此,如何引导广大农民种植优质小麦就是最先要解决的问题,该县的金粒小麦协会充分利用郑州商品交易所上市的优质强筋小麦期货合约来引导农民进行农业结构的调整,实际上就是利用期货市场的信息尤其是价格信息来激励农民调整种植业的结构,同时运用"企业+农户"、"订单+期货"的方式在期货市场上进行套期保值,规避了小麦价格波动风险对农民的影响,保护了农民的利益,使得农业结构调整得以顺利进行,农民收入有了较大提高,同时农业生产经营方式也得以转变,由传统农业过渡到了现代农业。该案例中对期货市场的利用是关键,即充分运用市场机制来实现对农业结构的调整,其效果远优于政府通过行政手段强制进行的农业结构调整。

该案例的另一个亮点是:在引导农民利用期货市场信息调整农业结构时,该县的金粒小麦协会起到了基础性的作用。延津县小麦种植结构的调整不是由单个农户进行的,而是由协会牵头利用期货市场,把广大农户组织起来。河南延津金粒小麦协会成立于 2002 年秋播前,以该县粮食龙头企业——河南金粒麦业有限公司为依托，按照"民办、民利、民管"的原则组建成立。协会成立之时即制定了"协会章程"和"中心会员管理办法"，明确了协会与中心会员的责任、权利、义务、组织形式以及利益分配机制。协会在各乡（镇）设分会，在村设中心会员，订单农户为一般会员。协会中心会员一般由农民中有组织能力、有责任心的人来担任，他们负责联系村里的种植农户，使其所联系的农户做到"五统一"：统一播种、统一管理、统一施肥、统一防治、统一收割，以保证优质小麦品质的一致性和稳定性。目前金粒小麦协会的中心会员已发展到530名，其中，县内480名，县外50名，涉及农户10万户。经过两年的发展完善，与其他小麦协会相比，金粒小麦协会已发展成为相对健全、完善、稳定的农民合作组织，其特点是中心会员与农户的关系通过经济利益固定下来。据悉，中心会员每年可从协会得到1000元左右的劳务费，协会与中心会员之间建立了牢固的关系，而协会与农户签订的订单实行"二次分配"，第一次分配以高于市场价收购，然后参与期货市场套期保值；第二次分配即是将交割时与原价价差的50%再分配给农民。此外，协会还建立了中心会员农业科技培训制度，形成了全新模式的农技推广渠道和信息服务体系。这种做法将粮食企业、小麦协会与农民紧密地联系在了一起，使粮食企业和农民都得到了良好的收益。

综上所述，期货市场在引导农业结构调整的过程中起到非常重要的作用，但如果这种调整是建立在单个农户的基础上无疑难度极大，因为我国农业经营方式的基本特征是小规模分散经营，而期货交易是一种规模化的专业交易，再加上农村通信设施的不完善，单个农民获得这种信息的交易费用是高额的，甚至是不可能的。因此，在运用期货市场调整农业结构的时候，要注意发挥农民合作组织的作用。

五　结论及建议

农业结构调整是一个动态的、长期的过程，目前我国农业结构中还存在诸多问题，需要下大力气进行调整。由于期货市场具有价格发现和规避风险的功能，和现货市场价格相比，期货价格具有一些明显的优点，所以依据期货价格进行农业结构调整无疑更具科学性，能更好地满足社会需求；在农业结构调整过程中，农业生产经营者不可避免地要面对市场风险，通过期货市场的套期保值操作可以有效地规避这种风险，从而保护农业结构调整的成果，使得农业结构调整能顺畅地进行下去。因此，为使期货市场在农业结构调整中发挥重要作用，需在以下方面加以改进。

一是加强期货市场的自身建设。期货市场引导农业结构调整的前提是其功能的充分和有效发挥，这就要求期货市场加强自身的建设。首先要完善相关的规章制度，修改与市场运行不相符的规则，在交易过程中严格按照相应的程序和制度进行；其次要加强对期货市场的监管，保证市场平稳运行。坚决打击市场操纵者，坚决依法打击违规行为。目前我国农产品交易品种少、市场规模小，相对充裕的资金容易阶段性集中在某些活跃或可能被操纵的品种上，不排除有少数机构或个人企图利用这些情况违规操作，牟取不正当利益，因此对市场操纵行为和违规行为必须严厉打击。这样才能保证期货市场功能的正常发挥，期货市场才能在农业结构调整中发挥作用。

二是继续丰富农产品期货品种。应该说这几年我国期货市场在新品种上市方面取得了很大的成绩，一些较大的农产品品种，如棉花、玉米、菜籽油、棕榈油、早籼稻等陆续上市，随着早籼稻期货在郑州商品交易所的上市，我国基本形成了粮、棉、油相对完善的农产品期货市场体系。但不论和其他相关国家的上市品

第四章　农产品期货市场在促进农业发展中的作用分析

种比，还是相对于我国国民经济自身的需要，我国的期货品种无疑还是很少的。不要说和美国比，就是和总体经济发展状况不如我国的印度相比，我国与之也有不小的差距，如印度的期货市场上大约有 100 多个品种，而我国目前只有不过 23 个品种。期货品种过少，其影响力肯定有限，市场辐射领域也会受到极大限制，如在农业结构调整中，如果没有相关品种，那么其在该领域中就根本无法发挥作用。当前，在增加上市品种方面，第一，应开发畜产品期货合约，虽然我国农产品中的大品种已经陆续上市，但在畜产品方面几乎是一片空白，而相关领域的发展却日益受到市场风险的严重威胁，急需一种工具能够使其规避市场风险。因此我国应逐步推出这些品种的期货合约，如生猪、肉鸡、活牛等。第二，随着生活水平的提高，人们对果蔬的消费量增长很快，我国可以考虑推出相关品种的期货合约，如橘子汁、橙汁等。第三，在推出新品种时，要注重"本土特色"，虽然将在国际上成功交易的品种上市成功的可能性更大，但也要考虑到我国自身的特色；一些品种虽然在国际上没有交易，但由于我国是一个大国，生产量和消费量都较大，完全可以支撑该相关品种的交易，那么这些品种就应该上市，如花生、苹果汁等。如果这些相关品种的期货合约能够上市的话，期货市场在引导农业结构调整方面的作用无疑会得到更充分的发挥。

三是鼓励和支持农民自愿联合起来，成立各种不同类型的农民合作组织，在农民合作组织的协调下进行农业结构的调整。在期货市场引导农业结构调整的过程中，如果是由一家一户单独进行，其效果会受到很大的限制。其原因是农户在获取和利用期货市场信息方面存在障碍，而且从目前的情况看，由个体农户进入期货市场进行套期保值操作基本是不可能的。因此必须把农民组织起来，共同利用期货市场来进行农业结构的调整。

四是完善农业信息服务体系。在农业结构调整过程中，市场信息无疑起到非常重要的作用，那么作为生产者的农民如何能获得这些信息就关系着农业结构调整的成败，因此需要加强农业信息服务体系的建设。农业信息服务体系主体包括公共服务组织、信息服务媒体、农村信息服务组织、企业及个人。由于基层农业信息服务体系直接面向农业、农村和农民，其发展程度直接决定着中国农村基层信息化水平，因此需要重点扶持和发展。在农业信息服务站方面，有必要在政府统筹下，由地方财政对县、镇（乡）、村三级信息服务组织建设给予资金扶持，同时政府需要协调电信部门制定出台网络运营收费等优惠政策，整合人力资源，成立专家咨询组进行专业指导，对农村信息员适时开展市场信息、计算机技术等培训。农业信息服务体系需要在政策、人才以及组织等方面进行保障。政策的支持涉及法律法规、资金、教育等各方面，需要对信息服务体系有效法律地位的肯定性支持，对农业信息服务组织的运行实施有效监管，同时制定和出台农业信息的采集、传播、发布等法律，督促立法部门加大农业信息化立法工作。在人才保障机制方面，需要构建合理高效的科技人才结构，实现多元化的农业信息服务人才引进方式，完善农业信息服务人才的激励措施。在建立组织保障方面，需要提高农业信息服务体系的人员队伍综合发展水平，建立和健全各类农业信息服务机构。

第五章 制约中国农产品期货市场发展的深层原因分析

第一节 前言

我国引入期货交易制度已有近 20 年的时间了，这期间我国期货市场的发展历程可谓艰难而曲折，大致经历了：初创阶段（1990~1993 年）；清理整顿阶段（1994~1996 年）；调整阶段（1997~2000 年）；规范发展阶段（2001 年以来）[①]。但自 2002 年起我国期货市场开始进入快速发展时期，全国期货市场成交金额从 2002 年的 3.95 万亿元猛增至 2010 年底的 309.11 万亿元，其中农产品期货在我国期货市场中始终占据着重要的位置。事实上，农业与期货市场有着极深的渊源，不论国内还是国外，期货市场都起源于农产品。目前国内上市的 18 个期货品种（不含未开展交易的啤酒、大麦和绿豆）中，农产品占了 12 个，如大豆、豆粕、豆油、玉米、小麦、棉花等。国内农产品期货市场成交量占总成交量的比重大致保持在 2/3 以上，高的时候在 90% 以上（见表 5-1）。

[①] 杨雪、乔娟：《中国农产品期货市场发展历程、现状及前景》，《农业展望》2008 年第 3 期。

表 5-1 我国期货市场总成交量和农产品期货成交量

单位：万手

年份 成交量	2001	2002	2003	2004	2005	2006	2007	2008	2009	2010
期货市场总成交量	12046.3	13943.3	27992.4	30569.7	32287.4	44950.8	72842.6	136388.7	215742.9	313352.9
农产品期货成交量	10938.8	12312.8	23391.1	24387.6	27429.7	38505.5	63099.7	110601.3	123461.6	186804.2

资料来源：中国期货业协会网站。

2009 年我国商品期货成交量占全球总成交量的 43%，2010 年，中国 4 个期货交易所总成交量达到 31.33 亿元，比 2009 年增长了 45.22%。全球成交量最大的 10 个农产品中，有 6 个来自中国期货市场。与此同时，我国农产品期货市场的功能也在逐步显现：张树忠、李天忠、丁涛通过计算我国农产品期货价格指数并检验其与 CPI 的关系，发现我国农产品期货价格指数对 CPI 有先行指示作用；刘庆富等利用信息共享模型与波动溢出效应模型对我国大豆和小麦的期货、现货市场之间的价格发现进行了多层次的实证研究，得出我国农产品市场的价格发现能力和运行效率正逐渐提高的结论；刘凤军等认为我国大豆期货市场的投机成分在减少，价格发现功能在提高，市场效率在提高。虽然近年来我国期货市场的发展取得了不俗的成绩，但与经济发展的需要、与现货市场的规模、与发达国家期货市场相比，差距还很大：首先就规模来看，目前国内期货成交量占全球期货、期权总成交量的比例还微不足道，这与我国 GDP 约占全球总额的 5%、进出口总额占全球总额 5% 以上的国际地位极不相称。在期货市场发达的国家和地区，期货交易额是其 GDP 的二三十倍甚至更高，但在我国还不到 GDP 的 150%。就单个品种来说，我国一些比较活跃的期货品种的交易量与现货产量规模之比相较发达国家也存在很大差距。以大豆、玉米为例，2010 年我国大豆期货交易量与现货生产量的规模比（简称期现比）为10.98，而美国为35.5，我国玉米市场期现比为9.3，而美国玉米市场为22；其次，就功能发挥来看，我国农产品期货与美国相比也存在着较大差距，房瑞景等对中国玉米期货市场（DCE）价格发现功能进行实证研究，并与美国玉米期货市场（CBOT）进行比较。结果显示，国内现货市场信息不够透明、现货商未能获取足够的市场信息进行及时的理性决策是中、美玉米期货市场功能发挥有效性差距的一个重要原因。李娟通过实证研究发现中国期货市场功能发挥和现货市场发展联系的紧密程度与美国相比差距较大。期货市场功能发挥需要其现货市场发展的需求推动和机制配合，目前中国期货市场功能发挥不充分的根本原因是其现货市场发展不够成熟，缺乏统一、稳定的现货市场定价机制。

  我国是一个农业大国，许多农产品的产量、消费量、进出口量均居世界前列，在市场经济条件下由于农产品价格的波动，各市场主体对农产品期货市场应该有强烈的需求，所以农产品期货市场应该在我国农业发展甚至整个国民经济发展中起到重要作用，但事实上并没有。目前在我国，传统意义上的中国农户对期货市场基本没有直接利用，目前的利用也仅仅停留在市场价格信息层面，而其比例在全国范围内不超过1%。由此可以看出我国农产品期货市场的影响和作用是很小的。为什么会形成这种状况？是哪些因素制约了我国农产品期货市场的发展？诸多学者对这些问题做出了有价值的分析：范亚东等认为农产品期货市场本身的特点、非均衡的中国经济、我国的短缺经济等因素是制约我国农产品期货市场发展的深层原因。汪五一等从宏观层面、交易所层面、期货经纪公司层面、投资者层面对制约我国期货市场的因素进行了分析。高伟从上市品种、投资主体、期货市场的专业性、交易制度等方面对影响我国农产品期货市场发展的因素进行了分析。祝捷认为现货市场基础还不充分，投机过度、风险意识薄弱，农民未能分享到农产品期货市场的利益，风险监管力度不够等因素制约了我国农产品期货市场的发展。刘岩认为制约我国农业生产与农产品期货市场有效结合的因素有：认识上的偏差和理念上的误区、农业合作组织发展滞后、期货市场自身发展不完善、农村信息传导不畅和对期货市场的政策限制。

学者们从不同角度对农产品期货市场做出了有价值的分析，以上这些因素的确都程度不同地制约着我国农产品期货市场的发展，但笔者认为，随着我国经济的发展，这些因素有的已经不再起作用，如我国已经摆脱短缺经济而进入相对过剩经济，市场的混乱和无序也有了很大改观。而有的分析只是浅层面的分析，并没有深入问题的本质，在这些制约因素的背后，如对上市品种的审批制是什么原因造成的等问题还鲜有具有说服力的分析。本文将尝试着对制约我国农产品期货市场发展的深层原因进行分析。

第二节 农产品期货市场充分发展的条件分析

现代意义上的期货市场发端于美国，目前，美国期货市场作为市场经济的一项基础设施，在化解市场风险、配置农业资源、形成国际权威价格以及吸引国际资本等方面都发挥了关键性作用，有效提高了美国农产品的国际竞争力。在美国整个农产品市场体系中农产品期货市场有着典型的代表意义，2000年3月17日美国财政部长在第28届国际期货业年会书面演讲《期货业对美国经济发展意义重大》一书中指出："在美国经济过去十年成功发展的过程中，期货业发挥了关键作用。"为什么美国的农产品期货市场发展得如此完善？在经济发展过程中发挥了如此大的作用？吕东辉等认为美国政府重视对农产品期货的利用、宣传和较好的市场运作制度是美国农产品期货市场发展的重要保障。笔者认为一个国家的农产品期货市场要想充分发展,并且能在农业发展甚至国民经济发展中起重要作用,需要具备以下条件。

一 发达的农产品现货市场

期货市场与现货的关系问题在期货理论的研究中占有重要的位置,也一直是理论界研究的热点问题。根据传统的研究,市场的演变进化是沿着"标准化现货市场——活跃的远期市场——成熟的期货市场"三个阶段的轨迹进行的。但1997年斯坦福大学的杰福利·威廉姆斯教授等人对此三阶段提出异议,他们对中国郑州商品交易所近4年的研究表明,市场的发展是完全可以超越市场的演变三阶段模式的,有管理的期货市场有利于促进现货市场营销活动的进化[1],即通过管理效率提高市场本身效率,最终达到市场有效。荆林波通过自己的跟踪调查也发现商品交易所可以通过管理效率的提高来弥补现货市场的"先天不足"。

但从来没有人否认标准化或发达的现货市场对期货市场的发育成熟至关重要。荆林波认为中国不应该也不可能仅仅依赖管理效率来提高期货市场的有效性,对这一点我们必须有清醒的认识。毕竟依靠坚实的现货基础,再加上管理效率和期货市场本身效率,取得较高的市场有效水平才比较可行、稳定和持久。刘兴强认为期货交易只有坚持为现货市场客户服务、为产业发展服务,才具有存在的意义和价值,自身也才能健康发展。事实上,农产品期货市场是在现货市场基础上产生和发展起来的,目的是为现货市场的良性运行服务,期货市场发现价格、规避风险功能

---

[1] Jeffrey Williams, Anne Peck, Albert Park and Scott Rozelle, *The Emergence of a Futures Market: Muggbeans on the China Zhengzhou Commodity Exchange*, Nov, 1997.

的充分发挥要以发达的现货市场为条件,总的来讲,这些条件可以归纳为较高的农业生产率、价格波动频繁且波动幅度大、接近完全竞争市场。只有农业生产率提高,农产品的商品率才会提高,才会有大量的农产品进入市场,从而农产品的经营者才会产生避险的需求,在这种情况下期货市场才有产生的必要。众所周知,在商品期货市场上市的大多是基础性的原材料或大宗农产品,对国民经济的影响很大,这些商品的产量和消费量都很大,少数厂商或消费者很难控制整个市场,故其较为接近完全竞争市场,在这种市场上商品的价格由市场决定,故价格的波动幅度较大,市场主体有强烈的避险需求。但由于农业是弱质产业,各个国家都对其实施不同程度的保护政策,尤其是像中国这种发展中的人口大国,粮食安全至关重要,于是国家通常会对市场进行直接干预,这就极大地影响了期货市场的发育成熟。这又涉及制度方面的问题。

二 完善的市场运作制度

期货交易制度是市场经济发展到一定程度的产物,其良性运行也需要一套市场制度加以保障。期货交易源于避险的需求,即规避商品价格变动的风险,所以期货商品的价格必须不受干预地自由波动,一旦一种商品成为政府干预的对象,造成期货市场供求关系的扭曲,助长期货市场中不公正的行为发生,就会使得交易者明显减少。如欧共体对某些商品和外汇的限价就是妨碍欧洲期货市场发展的重要因素。期货市场自身的制度建设也是其发展的必要条件,如在上市品种的选择和数量、期货交割制度、期货合约的设计、期货交易所的日常运作、期货经纪公司的运作、市场主体的进入退出等方面政府不应直接干预,否则期货市场就不可能很好地运作起来,更不用说发挥作用了。

三 健全的农业合作组织

对于农产品期货市场的发展来说,作为生产者的农民的参与始终是重要的,可以说既是其发展的必要条件又是其发展的目的之一。但农业生产有自身的特点,不像工业那样可以集中进行大批量的生产。农业生产是分散的,规模较小,现有的研究表明以家庭为单位的农业经营方式在农业生产中居于主导地位而且是有效的,但以家庭为主导的农业经营在面对市场时却显得力不从心,因为单个家庭的力量是有限的,如在资金、信息等方面都存在着很大的限制。这就和集中而大宗的期货交易相矛盾,一个标准的农产品期货合约规定的交易一般每次不得少于一手(10吨),一般的农户显然难以达到这一要求。这就决定了必须有一种组织能把广大农户集中起来统一利用期货市场,这种组织就是农业合作组织。农业合作组织在使其成员利益得以增加的同时,还可以使他们所在的经济体系变得更有效率,这意味着在某些因其他因素导致市场失灵的情形下,可以有另一种选择,其本质在于它是对单个农户各自独立面对市场时的交易行为的大量替代,以节约交易费用[①]。

四 适度的规模经营

经营规模的大小会影响农业生产者参与期货市场的程度。如果经营规模过小的话,即使有农业合作组织,农民参与利用期货市场的积极性也会受到很大限制。首先,如果经营规模很小,其生产的农产品数量肯定是有限的,除了自己的口粮和留作种子外

[①] 刘岩:《期货市场服务"三农"中的"公司+农户"模式研究》,《经济与管理研究》2008年第4期。

剩余的农产品数量就不多了,也就是说能进入市场流通的农产品数量是很少的,这样市场对农户的经营影响就很小,农产品价格的变化对农户的影响自然也很小,农民根本就没有参与利用期货市场的必要性。其次,如果经营规模很小,农民一般都会寻找兼业的机会以补贴家用,外出或在本地工厂打工,事实上,在人多地少的国家里,多数农民都会寻找兼业的机会,如在日本,农民的兼业就是一种普遍现象。随着非农收入在农户家庭收入中占的比例越来越大,来自农业的收入比例逐渐减少的时候,农民对农业的关注自然降低,农业对他们的影响越来越小,对他们来说农产品价格的变化无足轻重,这样他们也就没有动力去参与利用期货市场,即缺乏动力机制。事实也证明了这一点,美国审计总署(GAO)1999年的一份报告提供了有关农户对各种风险管理工具使用的调查信息,报告显示,大型农业生产者(销售额至少为$100000)进行套期保值的比率是小型农业生产者(销售量不足$100000)的两倍,小型生产者为19%,大型生产者为38%。利用远期合约的生产者比率在28%~35%之间,小型生产者使用远期合约比率为25%,而大型生产者的使用比率为61%。

第三节 制约我国农产品期货市场发展的深层原因分析

我国是农产品产销与贸易大国,一系列大宗农产品的生产与消费已经在国际市场上占据重要地位(见表5-2)。但我国期货市场的规模和影响力仍然偏小,近年来,我国期货交易额才逐步与GDP和居民储蓄存款余额持平,而美国的期货、期权交易额是其GDP的10倍多。是哪些原因制约了我国农产品期货市场的发展?

现在我们用上述分析框架对制约我国农产品期货市场的因素进行分析。

表5-2 中国主要农产品产量居世界的位次

年份 项目	1980	1985	1990	2000	2004	2005	2006	2008	2009	2010
谷 物	1	2	1	1	1	1	1	1	1	1
肉 类	3	2	1	1	1	1	1	1	1	1
籽 棉	2	1	1	1	1	1	1	1	1	1
大 豆	3	3	3	4	4	4	4	4	4	4
花 生	2	2	2	1	1	1	1	1	1	1
油菜籽	2	1	1	1	1	1	1	2	1	1
甘 蔗	9	4	4	3	3	3	3	3	3	3
茶 叶	2	2	22	2	1	1	1	1	1	1
水 果	10	8	4	1	1	1	1	1	1	1

注：肉类1990年前为猪、牛、羊肉产量的位次，水果不包括瓜类。
资料来源：《国际统计年鉴》（2011）。

一 我国农产品现货市场发育不完善

与美国的期货市场是在现货市场发展到一定程度自然而然地产生不同，我国的期货市场则是完全在政府的行政主导下建立起来的，是在现货市场尚不发达、不完善的基础上建立起来的，这种不发达不完善的现货市场必然会影响和制约中国农产品期货市场功能的充分发挥。从我国的农业生产率来看，这一点比较在中美人均粮食量这一指标上，2010年我国的粮食人均量为408.66公斤[①]，而美国1860年的人均量为33蒲式耳（1美制蒲式耳＝玉米25.4公斤＝小麦27.2公斤），而目前美国粮食人均量是1600公斤，其间差距可见一斑（见表5-3）。

---

① 国家统计局报告。

表 5-3　中国目前状况和美国开始农产品期货交易时的状况对比

对比内容	中　国	美　国	备　注
农业人口占总人口比重（%）	1978 年 82.08 1992 年 72.37 2007 年 55	1862 年 53	中国人口统计不包括现役军人和港澳台人口
农业收入占国民收入比重（%）	1988 年 32.53 1991 年 32.69 2007 年 11 2010 年 10.1	1889 年 40.9 1899 年 38.2	在计算国民收入中中美有出入
人均 GDP（美元）	2007 年 2200 2010 年 4361	1870 年 2457 1900 年 4096	按照 1990 年国际美元计算
营运铁路里程（公里）	2007 年 78000 2010 年 91178	1870 年 85170	
主要农产品产量（万吨）	2006 年小麦 10447 玉米 14562.5 稻谷 18407 2010 年小麦 11510 玉米 16800 稻谷 19734	1859 年小麦生产量为 272， 玉米为 1500	
人均粮食（公斤）	1984 年 392.84 1994 年 373.46 2006 年 378 2010 年 408.66	1850 年人均 30 蒲式耳 1860 年人均 33 蒲式耳	主要粮食作物产量，包括小麦、玉米和黑麦； 1 美制蒲式耳 = 玉米 25.4 公斤 = 小麦 27.2 公斤

资料来源：《中国统计年鉴》；〔美〕福克纳：《美国经济史》，王锟译，商务印书馆，1964。

从上表的对比中，不难发现有这样几个重要差异：①农业人口占总人口的比例：直至目前中国的比例与美国1862年时的水平相差不大；②农业收入占国民收入的比例：中国农业收入所占比例和美国相差极大；③人均粮食水平的差异：目前中国的人均粮食还不到美国的一半；④运输状况的差异：中国目前的运输状况与美国开始期货交易时基本相似。

农业是一种弱质产业，对其进行保护是世界各国通行的做法，但市场经济比较成熟的发达国家大多是通过补贴的方式对农业进行保护，很少对农业生产进行直接干预。我国正处于从计划经济向市场经济转型的时期，政府部门常用的行政干预方式时常会出现，而且我国是一个人口大国，人多地少是基本国情，因此粮食安全问题始终是政府的头等大事，一旦出现风吹草动，政府往往会对农业生产、流通进行直接干预，在这种情况下，期货市场的功能基本无从谈起，甚至会起到反作用而沦为投机的场所。

二 经济转型期的制度约束

我国的期货市场是在政府的主导下建立起来的，在发展过程中受到严格的管制。首先表现在对交易所的控制上，我国的交易所名义上是会员制，而实质上交易所的运作要受到政府的严格控制，这主要体现为交易所的总经理是由中国证监会任命的，而不是由交易所会员选举产生的；很多交易规则的制订、修改都需要中国证监会的批准；而最明显的管制则表现在交易品种的上市机制上，在选择品种上市的问题上交易所无权决定，一个新品种要想上市须经过严格的审批，而这中间要涉及众多的部门，而且实行一票否决制，即使各个部门都通过了，最后还要上报国务院，如遭到否决则同样不能上市。但市场是瞬息万变的，在经过如此繁琐的审批手续后很可能就错过了上市的最佳时机。其次，政府对期货经纪公司的运作也施加严格的管制。政府规定期货经纪公司的注册资本必须达到3000万，这种做法对期货经纪公司来说未必合适，因为期货经纪公司是以提供服务为主的，没有或者只有很少的固定资产，其最重要的资本就是人力资本，这种硬性规定无疑会限制期货经纪公司的发展；除此以外，政府还规定期货经纪公司从事业务的范围，如期货经纪公司只能从事代理业务，不能从事自营业务，这种规定直接导致了经纪公司目前的低层次恶性竞争的局面。再次，政府对参与期货市场的市场主体也进行严格的限制。如规定国有企业只能从事套期保值业务，银行等信贷资金不允许进入期货市场等，这些规定严重限制了我国期货市场的发展。套期保值和投机本身并没有严格的界限，随着市场的变化市场主体应灵活调整相关的策略，苦守一种策略才是最大的投机，所以目前的这种规定等于把国有企业挡在了期货市场的大门之外；限制银行的信贷资金入市直接阻碍了期货市场机构投资者的发育，导致我国期货市场中投机者占主体的局面（占 90% 以上），这给期货市场的长期稳定发展带来了隐患。

在市场经济发展的初期，当市场的发育还不足以完全无障碍地发挥资源配置作用时，需要政府的特定职能发挥补充作用。尤其在市场机制与计划手段替换过程中，存在一些制度真空，市场交易各方诚信的缺失等需要相应的政府职能加以补充[1]。但时至今日，这些规定依然在发挥作用而且还有加强的趋势就让人很难理解了，因为很多规定已经和现实严重不符。这背后的原因是什么呢？这背后的深层原因恐怕还是我们对市场化改革的认识不够深入和透彻。1978 年以来的改革是以市场化为取向的，这场改革给我们的生活带来了翻天覆地的变化，我国的综合国力迅速增强，人们的生活水平有了极大提高。但在改革过程中不可避免地出现

---

[1] 蔡昉：《中国农村改革三十年——制度经济学的分析》，《中国社会科学》2008 年第 6 期。

了一些问题，如经济过热、产业结构失调、区域经济失衡、收入差距拉大、生态环境恶化、高能耗依旧、恶性事故频发、社会矛盾激化等。与此同时，涉及城乡居民、千家万户切身利益的住房、医疗、教育、就业和社会保障等问题，以及食品安全、社会治安、交通状况、突发事件等各方面的不和谐现象引起了社会的广泛关注和强烈不满。在这种情形下，一些人对"市场化"改革产生了动摇和怀疑，认为这一切都是改革出了方向性问题，"都是市场惹的祸"，因而强烈呼吁政府进行干预，不能再"由着市场乱来"。近年来，在一些领域的改革出现了停滞甚至倒退的局面就是这种声音的一种反映。表现在期货市场上则是与其让市场发挥作用还不如由政府直接控制来得方便和直接，而且这些手段都是政府习惯使用的，用起来自然得心应手。但这些问题的出现真的是市场惹的祸吗？事实上，中国改革发展进程中遇到的新情况、新问题，并非像一些市场保守人士宣称的"市场惹的祸"、调控弱化那么简单。事实的真相正是中国由来已久、颇具传统的拒绝市场、排斥市场力量，压抑和扭曲了市场体系的正常发育，先天不足、后天失调、拖延迟滞，造成了"市场变异"。

三　我国农业合作组织发展滞后

我国现有的小农经济和大宗的期货交易是矛盾的，因此必须有一种中介能够有效地把广大分散的农民组织起来共同进入期货市场，这种组织就是农业合作组织。近年来，对农业合作组织的研究已经成为一个热点，学界的研究认为农业合作组织是解决小农生产和大市场矛盾的一个有效办法[1]，现实中一些地方的实践也

---

[1] 周立群、苑鹏：《商品契约优于要素契约——以农业产业化经营中的契约选择为例》，《经济研究》2001 年第 1 期。

证明了这一点①。

在农产品期货市场上,和现行的"龙头企业+农户"相比,"合作组织+农户"这种形式能更好地实现农户和期货市场的结合。合作组织通常由农民自愿组成,通过共同所有和民主控制的方式来满足其经济、社会和文化方面的共同需求,可以代表合作社内部农民的利益,同时可以在其内部对单个农户的机会主义行为加以监督与惩罚,在使其成员利益得以改善的同时使他们所在的经济体系变得更有效率。

但目前我国现行经济中农业合作组织尚存在诸多问题:首先,我国农业合作组织规模小,覆盖面小,绝大多数农户还没有加入合作组织。这与一些发达国家80%以上的农户都是合作社社员,每个农户平均要参加4~5个合作社的情况相比,有着较大差距。同时,合作组织规模小会导致资本积累慢、经济实力弱、应对市场风险的能力差,很难形成产品规模和提高产品质量。其次,农民专业合作组织不稳定。我国目前的合作组织一般实力较弱,只能开展一些简单的技术服务和信息交流工作,没有专职的工作人员,由政府部门或职能部门负责人或某些有能力的人兼任负责人开展工作,这类合作组织容易组建,也很容易瓦解,表现出较大的不稳定性。再次,农民专业合作组织之间业务范围的局限性很大。由于行政区划和某些产品交易存在地方保护主义,加上大部分农民领头人还缺乏市场经济的联合与合作意识,目前大部分专业合作社业务范围仅局限在一个乡镇或一个县的经济区域内,同类专业合作社之间缺乏横向和纵向的联合,跨经济区域的专业合作社之间的联合更少。此外,农民

---

① 秦中春:《农民专业合作社制度创新中的一种选择——基于苏州市在尚锦碧螺春茶叶合作社改制的调查》,《中国农村经济》2007年第7期。

专业合作组织的自主性程度较低。

四 我国农业经营规模小

期货在中国无疑是一种新生事物,新生事物如果要想被人们关注并接受最好的方式就是能给人们带来切实的利益。从理论上讲,期货市场具有价格发现和规避风险的功能,能够为农民的生产经营服务,期货市场在中国已经发展了十几年的时间,但在这个市场上依然难以见到农民的身影,当然有农民文化素质低、农业经营分散等原因,但最重要的原因恐怕是农民对农业本身的关注在降低,从事农业生产的积极性在降低。有统计数据显示:目前在农民家庭收入中来自农业的收入已经降到了30%左右,务工收入所占比例越来越高。目前的中国广泛存在着"半工半耕"现象,即在农业领域里表现为"半工半耕"的过密型农业。于是农民对农业的态度越来越漠视,在这种情况下他们根本没有动力去关注农产品期货市场,因为农产品价格的变化对他们的影响很小。这背后的原因在于农业经营规模小。

在世界农产品主要生产国和主要出口国中,中国农户的生产规模是较小的。中国每个农业劳动力拥有的耕地面积只有0.2公顷,不到世界平均水平的五分之一,不到美国水平的二百五十分之一(见表5-4),目前美国耕地面积基本稳定在28亿亩左右,而其农民仅占人口比例的1.8%;中国耕地本来就少,再加上工业化和城市化进程的加速以及土地的不合理利用等因素的影响,耕地还呈现减少趋势,但我国农民比例很高,属于农业生产超小规模,再加上比较收益低下,农民的兼业是不可避免的,因此农民没有动力去关注期货市场。日本也有着类似的情况,日本农业也是人多地少,再加上日本中小企业众多,所以多数农民都选择兼业,因此,在日本,农产品期货市场同样不占重要地位,而是批发市场占有中心地位。要想使农民广泛参与期货市场，适度的规模经营是必要的。但像巴西那样土地高度集中在少数人手中，多数农民只有很少甚至没有土地，地主在政治上和经济上都拥有特权的状况同样不利于农产品期货市场的发展。

表 5-4 中美每个农业劳动力拥有耕地

单位：公顷

年 份	1990	1991	1992	1993	1994	1995	1996	1997	1998	1999	2000	1990~2000 平均
世界平均	1.1	1.1	1.1	1.1	1.1	1.1	1.1	1.1	1.0	1.0	1.1	
中 国	0.3	0.2	0.2	0.2	0.2	0.2	0.2	0.2	0.2	0.2	0.2	
美 国	51.0	52.0	52.5	52.8	52.9	53.3	54.3	55.3	56.3	57.4	58.5	54.2

资料来源：康敏：《中国农产品期货市场功能与现货市场关系研究》，中国农业大学博士学位论文，2005。

除此之外，制约我国农产品期货市场发展的因素还有很多，比如国家对期货市场重视程度不够、人们对期货市场的认识存在误解、农村信息体系不发达、期货市场自身的问题等。

第四节 结论及建议

从上述分析可以得出制约我国农产品期货市场发展的深层原因有：农产品现货市场不发达、制度因素的制约、农民合作组织发育不完善以及农业经营规模小等。因此我们应着重从这几个方面制订相应的措施。第一，优化和完善现货市场是我国农产品期货市场进一步发展的关键，要完善市场机制，减少政府对市场的直接干预，打破地区和部门分割和封锁，促进全国统一市场的形成，加大市场基础设施的投资和建设力度等。第二，在制度建设方面，要毫不动摇地坚持"市场化"的改革方向，团结、推动全社会共同参与，达成共识、形成合力，加快建立统一的市场体系，才可能具备新时期所有和谐的共同基础，才可能"更大程度地发挥市场在资源配置中的基础性作用"，将宝贵稀缺的资源配置建立在市场调节的基础上；目前最要紧的是规范政府的公权力，切实以政府机构改革为先导，特别是要从制度建设的战略高度率先推进中央政府机构的改革和职能转变，从源头上、根本上解决好公权部门化、九龙治水、自乱其制和行政过度参与立法的问题。第三，要加快农民合作组织的建设，为农民参与利用农产品期货市场提供便利的途径和渠道。2007年7月1日《农民专业合作社法》的实施为确保农业专业合作组织的合法地位提供了有力保障，使其可以作为独立的法人参与期货市场交易。农业合作组织参与期货市场在初期可以并不局限于某类固定模式，可以在探索过程中找寻适合自身特点的发展模式。对于基础比较好、发展迅速、经济实力较为雄厚的合作组织，根据自身承受风险的能力，可以直接进入期货市场进行套期保值；对于那些尚处萌芽阶段的农业专业合作组织，由于受到实力、技术和资金的限制，可以采取与企业合作的方式参与期货市场套期保值。合作组织与期货交易经验比较丰富的企业签订期货订单，由企业参与期货市场的交易，实现企业与合作组织的利益捆绑，在磨合发展中合作组织逐步积累期货市场套期保值经验，伴随自身经济实力的发展逐步向直接参与期货市场套期保值转变。第四，发展适度规模经营。随着我国城市化的推进和人口出生率的下降，我国发展适度规模经营应该说具备了初步条件，2008年中央《关于推进农村改革发展若干重大问题的决定》（以下简称《决定》）明确提出，"允许农民以转包、出租、互换、转让、股份合作等形式流转土地承包经营权，发展多种形式的适度规模经营"。《决定》为我国通过土地流转进而发展规模经营提供了有力保障，我们目前所要做的是按照《决定》的精神强化政府服务职能，规范农村土地流转，引导发展规模经营。政府可通过制定鼓励承包土地流转的政策，如改变目前按土地面积征税的方式，减轻土地税负等，提升土地转让价值，使得在非农产业有谋生能力的农民舍得让出承包地。

第六章 中国农产品期货市场生产者缺位的经济学分析

第一节 前言

商品的生产者应成为市场交易的基本参与主体，这是由期货市场功能决定的。期货市场是在现货市场的基础上产生的，其基本功能在于规避现货价格的波动风险和发现价格以指导现货的生产经营，因此期货市场应以服务现货生产经营为目的。生产者参与期货交易完全根源于农产品现货市场价格变动的不确定性，根源于农产品生产过程中所固有的生产与流通在时间上的不一致性或矛盾性。农业生产者参与期货交易的行为将期货市场与农产品现货市场联系起来，是农产品期货市场发展的基石。一个没有生产者参与的期货市场不仅本身存在缺陷，功能作用的发挥受到很大限制，而且其发展的稳定性和后劲也让人怀疑。遗憾的是，我国农民参与期货市场的状况很不理想，根据我们的调查和相关报道，在我国，目前农民对期货市场的认知程度非常低，鲜有农民直接参与期货交易。对我国300户棉农、麦农和蔗农的调查表明，对期货具有初步认知的农民大约在5%，真正了解期货市场运作原理的不足1%，直接参与过期货市场交易的农民几乎为0。

对期货市场参与者，尤其是农产品期货市场参与者进行研究的学者并不多，鲁道夫·希法亭是较早的一个，他认为："期货交易对中等商人的必要性恐怕是最为迫切的。"由于大型垄断企业具有某种程度的支配价格的力量，因此不会有太大的市场风险；而中小型企业对风险的承受能力和抵御能力都相对较弱，更需要一种有效的避险手段。从理论上讲，农民能够与商业性公司一样，通过期货市场进行套期保值，规避农产品价格波动的风险。大量的实证文献发现套期保值和价格发现在风险减小方面的好处是巨大的，但理论和实践好像存在着矛盾，即使在美国也只有很少的初级产品的生产者直接参与期货市场。美国商品期货交易委员会发现，只有大约7%的美国谷物生产者使用期货，且这些农民多数是投机多于套期保值。Patrick、Musser和Eckman通过调查1993～1995年在普度大学举办的大型农户培训班上的生产者发现：10%～20%的农户在不同年份的不同农产品销售中使用期货市场。美国审计总署（GAO）1999年的一份报告显示：美国从事套期保值的生产者的比例为19%～25%。在我国，这个问题更加突出，在我国期货市场发展的初期，陶琲、李经谋等就对这个问题进行过探讨，他们认为：没有农民参与的农产品期货交易是不可想象的，也是根基不牢的，但出于中国农民的经济实力、文化水平等方面的原因，直接参与期货交易非常困难，这是我国农产品期货市场的一大缺陷。曲立峰认为：农民生产规模小、资金实力弱不能说明农民无法利用期货市场，农民利用期货市场的关键在于建立农民自己的合作组织，把分散的农民组织起来参与期货市场。刘岩通过对中美农户利用期货市场的比较研究发现：在美国，农户对期货市场直接利用的比例一直在提高，多数农民通过中介机构间接利用期货市场，总的利用率已达到近60%；而在我国，农户对期货市场的直接利用基本没有，间接利用也非常有限，主要停留在对市场信息的利用。徐欣等的实证研究认为中国农民对农产品期货的认知程度还非常低。

综上所述,我国农民参与期货市场的状况很不理想,在实践中的确如此。据笔者 2010 年 3 月对河南省商丘市 100 个农户的调查,不了解期货的占 96% 以上,利用期货市场为其生产经营服务的(包括利用期货价格信息)为 0。我们无法想象没有生产者参与的期货市场发现的价格能有多少可信性,其套期保值功能如何发挥?这种状况极大制约了期货市场服务"三农"作用的发挥。既然期货市场具有价格发现和规避风险的功能,能够保护农民的生产经营,增加农民收入,而多数农民又是厌恶风险的,那为什么农民不参与期货交易呢?

第二节 生产者利用期货市场的理论分析

假设生产者完全风险厌恶,那么有一般的期望效用函数:

$$E[u(y)] = -Ee^{-Ay} \qquad (1)$$

E 代表期望符号,$A = -u''/u'$ 代表完全风险厌恶情况下的阿罗系数,y 代表收入,当 y 服从多元正态分布,即 $y \sim N(\bar{y}, v^2)$,则幂效用函数可转换为:

$$E[u(y)] = u(\tilde{y}) \qquad (2)$$

同时,

$$\tilde{y} = \bar{y} - \frac{1}{2}Av^2 \qquad (3)$$

在无偏的期货市场上,期望价格 p^f 等于 $Ep\sim$,由于 $p\sim$ 服从正态分布,因此,下一期预期未来的现货价格等于平均价格 $\bar{p}$:

$$p^f = Ep\sim = \bar{p} \qquad (4)$$

当我们讨论一期模型的时候，我们省略了时间下标，为了容易解释，我们也省略了贴现率，而假设贴现率是恒定的和非随机的。

如果 z 是在期货市场上卖出期货合约，q 代表平均产出，$\bar{\theta}$ 代表风险乘子，从事生产和期货交易的期望收入为：

$$E\tilde{y} = E\tilde{p} \cdot \bar{\theta}q - z(\bar{p} - p^f) \tag{5}$$

这里 $E\bar{\theta} = 1$，采用风险乘子 θ，避免了下面分析的比例问题，将式（5）代入式（2），可以认为 $\tilde{p}$ 和 $\tilde{p} \cdot \bar{\theta}$ 服从联合正态分布，根据标准的资产组合理论，等式最大化可以表达为：

$$\max_z \bar{y} = qE(\tilde{p}\tilde{\theta}) - z(\tilde{p} - p^f) - \frac{1}{2}A[\bar{q}^2 \mathrm{var}(\tilde{p} \cdot \bar{\theta})$$
$$- 2\bar{q}z\mathrm{cov}(\tilde{p}, \tilde{p} \cdot \bar{\theta}) + z^2 \mathrm{var}\tilde{p}] \tag{6}$$

对 z 来说，最大化的必要条件为：

$$z = \frac{\bar{q}\mathrm{cov}(\tilde{p}, \tilde{p} \cdot \bar{\theta})}{\mathrm{var}\tilde{p}} - \frac{\bar{p} - p^f}{A\mathrm{var}\tilde{p}} \tag{7}$$

z 可能为正，也可能为负，例如卖出期货合约和买进期货合约，值得注意的是，这只是一期模型，模型并不包含仓储，在同一期间内，所有的产出 q 都被卖出，没有便利收益。

对于风险厌恶的投机者，用上标 B 表示，期货交易是其唯一的收入来源，为使收益最大化，即：

$$\max_{z^B} y^B = z^B(\tilde{p} - p^f) - \frac{1}{2}A^B z^B \mathrm{var}(\tilde{p}) \tag{8}$$

其必要条件为：

$$z^B = -\frac{\bar{p} - p^f}{A^B \mathrm{var}\tilde{p}} \tag{9}$$

如果 $\bar{p} > p^f$，$\bar{p} - p^f$ 称为正常交割延期费，它是由希望对收入风险进行套期保值的生产者支付的风险报酬。投机者没有其他风险收入，如果在交易时 p^f 比 $\bar{p}$ 小，它只能在期货市场上处于多头位置。等式（9）和等式（7）可以看作期货需求与供给函数，它们一起决定期货市场均衡。

假设 A 和 A^B 有同样的函数形式，等式（9）也是等式（7）的组成部分，当它独立于生产产量时，这意味着等式（7）的第二部分成为生产者的投机部分，第一部分则为生产者的套期保值部分。从等式（7）可以看出，套期保值部分是独立于单个生产者的风险偏好的，这意味着套期保值决策是根据价格方差和价格与生产不确定的协方差而决定的，如果 $\bar{p}$ 等于 p^f，或者风险厌恶水平 A 无限大，等式（7）的投机部分等于零，在后一种情况下，生产者将独立于期货偏差决定 z，而且将用期货对收入不确定性进行套期保值。

我们定义产出数量和价格的标准差为：δ_q 和 δ_p，如果 ρ 为价格数量之间的相关系数，则等式（7）可变为：

$$z = \bar{q}(1 + \rho \frac{\delta_q}{\delta_p}) - \frac{\bar{p} - p^f}{A \text{varp} \sim} \qquad (10)$$

如果需求风险是唯一的风险来源，$\delta_q = 0$，在期货市场上将没有偏差，因此，$\bar{p} = p^f$，农业生产者将在远期市场上卖出整个产量 q，只要交割延期费上升，$\bar{p} > p^f$，则 $z < q$；如果期货贴水将上升，$\bar{p} < p^f$，则 $z > q$。只要 $\delta_q > 0$，假设是负相关，生产者将对部分预期产量进行套期保值，以避免部分期货合约不能交割的风险。然而，如果产出风险是唯一的风险来源，$\rho = -1$，η 是需求弹性，

定义 $\eta = \dfrac{\delta_q}{\delta_p}$，则等式（10）变为：

$$\frac{z}{q} = 1 - \eta \qquad (11)$$

如果 $\eta = 1$，农民已对收入风险进行了套期保值，因此，从期货交易的目的看，他将不从事任何期货交易（但他可能进行投机）。如果 $0 \leq \eta \leq 1$，农民将卖出期货合约，在这种情况下，需求实际上没有弹性，价格和产出负相关，因此，当产出增加时，收入减少，反之亦然。单个生产者通过期货交易，在高产出的情况下，能够减小他的收入变动风险，当 $\eta > 1$ 时，需求有弹性，价格和产出负相关，在这种情况下，个体在高收入的情况下，将不卖谷物，而是买进期货合约。

到此为止，我们的分析主要是基于这样的条件，在期货交易中是不存在成本或费用的。但是，这是很不现实的假定，为了进行市场交易，有必要发现谁希望进行交易，有必要告诉人们交易的愿望和方式，以及通过讨价还价的谈判缔结契约，督促契约条款的严格履行，等等。这些交易常常是费用很高的，由交易而产生的费用足以使许多在无须费用的定价制度中可以进行的交易化为泡影。

第三节 农业生产者参与期货市场的路径分析

从目前情况看，农户可以通过以下几种途径参与期货市场。

一 农户直接参与期货市场

在这种模式下，农户直接参与期货市场，把期货市场作为一个订单组织，充分利用期货市场的价格引导和市场实现功能，通过套期保值操作，实现期货与现货市场紧密结合，从而保障稳定的经营收益（见图6-1）。除此以外，农户还可以利用期货市场信息来指导自己的生产经营，比如通过参考期货市场信息调整种植结构及把握出售农产品的时机等。在实际操作中，农户既可以利用期货市场进行套期保值操作，为现货市场销售提供风险保障，也可以把期货市场作为市场实现方式（相当于远期市场），通过期货经纪公司到期货市场进行交割，从而实现预先设定的经营目标。

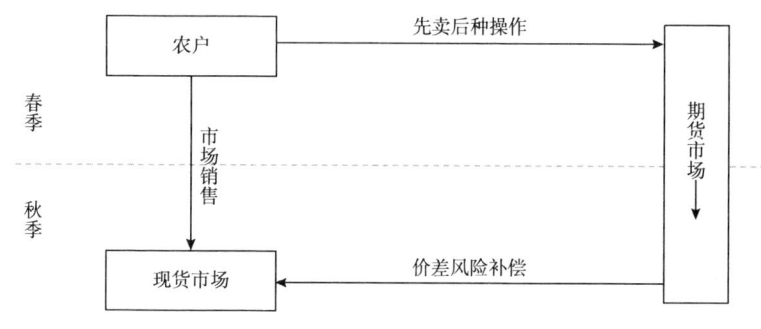

图6-1 农户直接参与期货市场

这种模式比较适合那些经营规模大、经济实力强、文化素质高的农户，如我们通常所说的"种养大户"。由于这种模式对农户要求比较高，故在实践中农户通过这种途径参与期货市场的比例很小，即使在发达国家也是如此，如在美国，近年来农民直接参与期货市场的比例一直在增加，但也不超过20%。我国农业的经营方式决定了普通农户通过这种模式参与期货市场是不现实的，只有极少数的"种养大户"可以通过这种模式尝试参与期货市场。对于我国的普通农户来讲，以下因素限制了其直接参与期货市场。

（一）我国农户经营规模小，农产品商品率低

期货交易是大宗商品的规模化交易，从我国目前上市的期货

合约来看，大部分期货合约的交易单位都是10吨/张。我国农户经营规模普遍较小，从农户家庭经营土地情况看，2010年我国农村居民人均经营土地为2.28亩，2010年农村居民家庭常住人口为3.95人/户，按4人计算，户均经营土地为9.12亩，无论从纵向还是从横向来比，我国目前的农业经济规模都属于超小。就世界范围看，我国每个农业经济活动人口平均耕地面积仅为0.3公顷，不要说和美国的63.7公顷、加拿大的131.6公顷相比，即使和日本的2.1公顷、韩国的0.9公顷、印度的0.6公顷相比也有很大差距。[①] 从户均出售农产品的数量看这一点就更为突出了（见表6-1）。2010年我国农户户均出售粮食、棉花、油料分别为1841.84公斤、58.84公斤、69.84公斤，与一张期货合约的标准相去甚远。以这样的经营规模和农产品商品率，农户直接参与期货市场显然是不现实的。

表6-1 2010年农村居民家庭户均出售主要农产品（包括畜产品）

单位：公斤

指标	粮食	棉花	油料	水果	蔬菜	猪肉	蛋类	牛羊奶
人均出售农产品	460.46	14.71	17.46	65.93	168.26	33.10	12.87	11.27
户均出售农产品	1841.84	58.84	69.84	263.72	673.04	132.40	51.48	45.08

注：每户按4人算。
资料来源：《中国统计年鉴》（2011）。

（二）农户经济实力较弱

期货市场是规避市场风险的场所，它把风险集中起来加以重新分配，但其自身也蕴含着极大的风险。为了保证期货交易的正常有序进行和期货市场功能的有效发挥，期货交易普遍施行保证

---

① 资料来源：《国际统计年鉴》（2010）。

金制度。如我国目前上市的期货合约保证金比例一般为合约价值的 5%，交易所可以根据行情的变化加以调整，根据这种规则，目前在我国参与期货交易的最低开户资金额要求是 5 万元。不仅如此，为了有效控制风险，期货交易还施行每日无负债制度，也被称为逐日盯市制度，期货市场价格的剧烈波动会导致期货保证金的相应变动，一旦看错行情或市场上期货价格向着不利于自己方向变动的时候，交易者就面临着追加保证金的压力，比如按照目前期货经纪公司收取 8% 的保证金计算，即杠杆率为 12.5 倍，交易者一旦看错行情，期货价格 1% 的波动就会使其遭受 12.5% 的损失，一旦发生涨跌停板 (±3%)，盈亏率将达到 37.5%，而这些盈亏率会转化成追加保证金的巨大压力。这些制度或规则对保证期货交易的顺畅进行无疑是必要的，但对于我国农户来说，保证金和每日无负债制度却为其设置了相当高的门槛。

近年来得益于中央的一系列惠农政策，农民收入水平一直在提高（见表 6-2）[①]，但减去必要的生活消费支出后，剩余的可供农民支配的收入依然少得可怜。从表 6-2 可以看出，2010 年农民户均纯收入为 23676.04 元，这样的收入水平距离支付期货交易的初始保证金尚有很大差距，更不用说还要视情况追加保证金了。以目前我国农户的经济实力直接参与期货市场存在着很大障碍。

表 6-2 2000~2010 年农村住户户均年纯收入

单位：元

指标	2000 年	2001 年	2003 年	2005 年	2007 年	2009 年	2010 年
人均年纯收入	2253.4	2366.4	2622.2	3254.9	4140.36	5153.17	5919.01

---

① 和城镇居民收入水平相比（无论是绝对收入水平还是收入的增长率），差距依然很大，并且城乡收入差距持续不断扩大。

续表

指标	2000年	2001年	2003年	2005年	2007年	2009年	2010年
户均年纯收入	9013.6	9465.6	10488.8	13019.6	16561.44	20612.68	23676.04

注：每户按4人计算。
资料来源：《中国农业统计年鉴》(2011)。

（三）我国农民整体文化素质低，思想观念陈旧

和其他行业相比，期货好像笼罩着一层"神秘的色彩"，张五常曾说"期货市场是最难让人理解的市场"。期货交易被誉为高智商的行业，主要在于其专业性极强：首先，作为处理风险的工具，需要一些规则制度及程序，要透彻地理解这些规则及程序绝非易事；其次，价格发现是期货市场的一项基本功能，交易主体要参与期货交易必须对商品的价格作出判断，而影响商品价格的因素多种多样，如农产品价格至少要受产量、需求量、进出口量、库存量、天气、政策等因素的影响，若想对价格作出判断或预测需具备较丰富的专业知识。

这就决定了参与期货交易的主体要具备较高的文化素质和开阔的视野，以我国农民目前的文化水平来看显然是不行的。近年来我国的教育事业取得了长足进展，农民的整体文化状况也有较大提升，识字率大幅度上升，文盲率大幅度下降，各种学校教育也取得了较大进步。从表6-3可以看出，我国农村居民平均每百个劳动力中不识字或识字很少的人从1990年的20.73%下降到2007年的6.3%，初中学历则从32.84%上升到52.9%，高中学历则从6.96%上升到11%，但也应该看到2007年我国农村居民劳动力中高中以上学历的（不包括高中）仅占3.9%，算上高中学历也仅占14.9%，高中以下学历的则占85.0%。这样的文化水平下参与期货交易显然是有很大难度的，他们很难理解期货交易基本原

理,也很难对商品价格作出判断。因此,文化水平低也制约了农民直接参与期货交易。

表 6-3 我国农村居民家庭劳动力文化状况

单位:%

年份 平均每百个劳动力中	1990	1995	2000	2005	2006	2007
不识字或识字很少	20.73	13.47	8.09	6.87	6.65	6.3
小学	38.86	36.62	32.22	27.23	26.37	25.8
初中	32.84	40.10	48.07	52.22	52.81	52.9
高中	6.96	8.61	9.31	10.25	10.52	11.0
中专	0.51	0.96	1.83	2.37	2.40	2.5
大专及以上	0.10	0.24	0.48	1.06	1.25	1.4

资料来源:《中国农业统计年鉴》(2008)。

农业产业的特征决定了农民的思想观念相对比较保守,对他们来说,等级观念、相信权威、渴望并依赖救赎、缺乏自信和自主、相信并遵循传统是最普遍和最突出的思想观念和行为方式。长达数千年的以农户为基本生产和生活单元的自给自足的自然经济生产和生活方式传统,更是给农民的观念和生活习俗打下了深深的烙印,不但使得上述观念和行为方式得到进一步强化,而且还进一步衍生出了眼光短浅、容易满足、小富即安、害怕风险、对外界的变化反应迟钝等阻碍经济发展和社会进步的巨大障碍。在这些观念的束缚下,在面对市场风险时,农民通常会选择消极应对,而不是积极寻找应对风险的措施或工具,再加上外界的一些不切实际的宣传和误导,农民大多会选择远离期货市场。

综上所述,期货交易和我国目前的农业经营方式之间存在着某些矛盾。由于期货交易是大宗商品的规模化交易,需要参与主体有较高的专业知识和较强的经济实力,而我国农业的经营特点是分散的小规模经营，农户经济实力普遍较弱，我国农民总体文化水平不高，这些因素共同决定了我国大多数农民无法直接参与期货市场。

二 农民通过订单农业的方式间接参与期货市场

订单农业，又称合同农业或契约农业，它是指在农业生产之前，农民与企业或中介组织签订具有法律效力的产销合同，由此确定双方的权利与义务关系，农民根据合同组织生产，企业或中介组织按合同收购农民生产的产品的一种农业经营形式。目前，我国的农业订单多指农产品销售合约。简单地说这种形式就是"企业+农户"，企业是农户进入市场的中介和桥梁，有利于解决"小生产"和"大市场"的矛盾。这种形式由于具有规避价格风险和销售风险的功能而备受农民和商人的青睐，已悄然成为农业产业化经营的主导形式。但是，高达80%的违约率是其致命缺陷。因为在这种方式下，企业和农户签订订单以后只是实现了风险的转移，并没有消除风险，当市场价格的变化使得一方利益受损、惩罚机制成本过高时，违约就是不可避免的。因此，必须找到一种能分散风险的手段，期货市场具有风险分散的功能，于是在"企业+农户"的基础上就衍生出了"企业+农户"、"期货+订单"的形式，在这种模式下，企业和农户签订订单以后，随即在期货市场上买卖期货合约，这样企业通过期货市场把价格变动的风险在全社会范围内分散了，具体模式见图6-2。

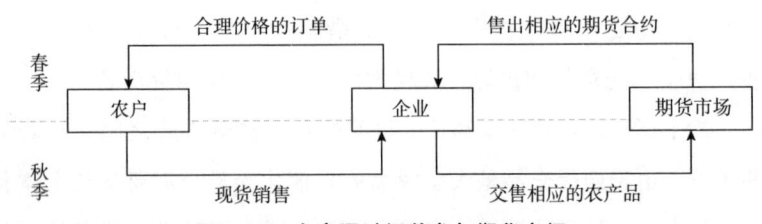

图6-2 农户通过订单参与期货市场

这种模式基本操作如下：第一步，在播种季节，龙头企业与农民签订期货订单合同，并根据秋天的期货价格进行成本核算来确定订单价格。第二步，订单合同一经签订，龙头企业随即在期货市场卖出期货。第三步，秋天收获时，龙头企业按订单价格收购农户的农产品，再按照春天卖出的期货价格把粮食交割给期货交易所，或是对冲平仓，利用期货市场为现货经营保值避险，从而获得了春播时已经锁定的利润。

实践证明，"公司+农户"、"期货+订单"的模式就是通过期货市场建立起一种长效机制，让社会游资来分担农户的经营风险，让资本市场来反哺农业，从而为订单农业、农业产业化经营等先进的组织方式提供保险，提高龙头企业、中介组织联结农户的积极性和主动性，实现小农户与大市场的对接，使农民在变幻的市场中能获得稳定的收益。

然而，通过这种模式参与期货市场的农民寥寥无几，原因在于这种模式依然存在着重大缺陷，主要表现如下。

（一）交易成本过高

我国农业经营的一个主要特点在于家庭的小规模分散经营，以农户为基本单位的经营主体高度分散在各个村落中，这也是农民难以进入市场的一个重要原因。在这种模式下，企业要与众多的、分散的农户打交道，签订订单，指导生产经营，督促农户履行合约等，这些活动都会造成极高的交易成本，使得企业不堪重负。这导致企业对参与订单农业的积极性不高。

（二）企业和农户双方的地位不对等

目前我国农业经营规模普遍较小，农户经济实力较为薄弱，而且较为分散，谈判力量极小，因此在与企业的交易过程中处于弱势地位。相比之下，在美国就不存在这种问题，虽然美国农业同样是以家庭经营为主，但由于其农场主经营规模大，经济实力强,其经营方式是企业化经营,因此在与企业的交易过程中双方的地位是平等的,所以在美国农业经营实际上是"企业+企业",并不是我们通常理解的"企业+农户"。企业是追求利润最大化的,而且有自己的独特利益,企业的利益与农户的利益在很多情况下并不一致,而且在订单农业的实践中,一个地区运作订单农业的企业只有一个,这家企业无疑具有垄断地位。在这些情况下,企业很可能为了自身的利益而不惜损害农户的利益,这也是导致订单农业失败的一个重要原因。

(三) 缺乏有效的约束机制

在订单农业的运作过程中,不可避免地会出现各种问题,因此有效的约束机制在保障订单农业的顺畅运行中作用巨大。但在我国目前订单农业的实践中这种机制并不存在。从理论上讲,如果企业或农户违约的话,一方可以把另一方告上法庭,诉诸法律来解决问题,但这在实践中并不可行。如果农户违约,企业诉诸法律,但法庭面对众多的又极为分散的农户通常也是束手无策,在法不责众的理念下,事情也就不了了之;如果企业违约,面对高额的诉讼费用,经济实力弱小的农户的理性选择通常是自行解决。

虽然订单农业在某种程度上解决了"小生产"和"大市场"的矛盾,期货市场的引入又把风险在更广泛的范围内分散了,但这种模式依然存在着上述自身难以克服的矛盾,在这些因素的作用下,订单农业在那些价高利大的行业中取得成功的可能性更大,而在大宗农产品中并非那么成功,在实践中也正是如此。①

三 通过农民合作组织参与期货市场

为了克服"企业+农户"这种模式的局限性,降低交易成本,

---

① 实践中,订单农业在那些价高利大的行业里,如水果、蔬菜、茶叶以及其他一些特色农产品中发展得更为成功。

引入农民合作组织是一种较好的解决办法。这种农民合作组织遵循"农民所有、农民管理、农民受益"的原则，是一种新型的农民合作组织，生产者可以不直接通过在期货市场上套期保值来利用这些市场的价格发现和规避风险机制，而通过加入生产者所有的合作社来参与期货市场就能间接获益。合作社或者代表其生产者成员销售商品，或者从生产者成员手中购买商品，再转售给其他销售实体。这些合作社通过在期货市场上建立头寸来为他们的商品存货和远期购买套期保值。在实际运行中，这种模式也可以采取两种操作方法，既可以通过期货市场为现货市场套期保值，也可以把期货市场作为远期市场来实现交割。具体运作模式见图6-3。

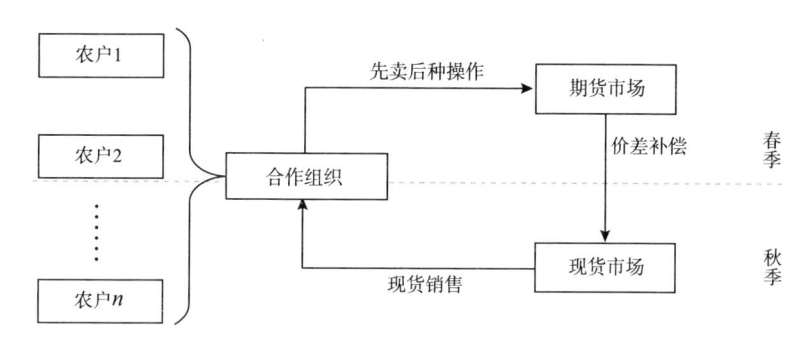

图6-3 农户通过合作组织参与期货市场

从目前生产者参与农产品期货市场的情况看，农民合作组织起着关键作用。在美国，大多数农户是通过加入各类合作组织，同时与各类中介签订远期合约（往往通过在期货市场套期保值进一步获得保障），通过中介实现对期货市场的间接参与。在我国，由于农户经营规模小、经济实力弱，通过农民合作组织实现间接参与期货市场就显得更加必要了。

现实情况表明，我国农户通过合作组织参与期货市场的比例依然很小，主要原因如下。

（一）农民合作组织规模小，覆盖面小

改革开放以来，伴随着农村改革发展大潮，农民专业合作组织应运而生、蓬勃兴起。特别是党的十六大以来，农民专业合作组织进入了健康发展的新时期，发展势头强劲。据农业部统计，截至 2011 年底，全国依法注册登记的农民专业合作社达到 55 万多家，其中最近 5 年的发展量相当于之前 28 年各类合作经济组织总量的 3.7 倍（见表 6-4）。目前，全国平均每个月增加 1 万家。合作社的覆盖范围逐步扩大：农民专业合作社已经覆盖全国 91.2%的行政村；实有入社成员 4300 多万，覆盖全国 17.2%的农户；每个合作社平均有近 80 名成员。但客观地看，我国农民合作组织的覆盖率并不高，绝大多数农户还没有加入合作组织中来，且合作组织规模小导致资本积累慢、经济实力弱、应对市场风险能力差，很难形成产品规模和提高产品质量。可见我国农民合作组织目前尚处于起步阶段，整体发展比较滞后，无法承担连接农户与期货市场的重任。因此，目前情况下，我国农户很难通过合作组织参与期货市场。

表 6-4 我国部分省市农民合作组织发展概况

地 区	农民专业合作组织（个）	入社农户（万户）	占比（%）
北 京	1103	26.4	44
河 北	6590	230	15.10
山 西	3850	10.8	11.80
吉 林	4510	65	16.80
黑龙江	4807	71.4	15.10
江 苏	6862	220	22
山 东	25586	349	16.60
河 南	8473	183	9.20
安 徽	5000	150	11

续表

地 区	农民专业合作组织（个）	入社农户（万户）	占比（%）
广 东	1136	16.9	12
湖 南	7833	221	15.30
重 庆	5422	121.4	16.90
四 川	9439	514.9	29

注：除少数省市数据为2010年的之外，大部分省市的数据均为2009年底统计的。
资料来源：根据中国农民专业合作社网数据整理。

（二）农民合作组织产业分布差异明显，大宗农产品行业合作组织的发育明显滞后

进入21世纪以来，我国农民合作组织的发展明显加快，但合作组织在不同产业的分布差异明显。如吉林省农民合作组织的产业分布为：畜牧业占36%，种植业占39%，渔业占2%，其他占23%，但就种植业内部而言，目前的农民合作组织主要集中在蔬菜以及除主要粮食品种之外的其他品种的种植上。据河南省农委的调查统计，河南省农民专业合作经济组织中，种植业3935个，占总数的46.44%；养殖业2499个，占29%。但种植业主要集中在蔬菜、瓜果等特色种植领域，在小麦、玉米等大宗农作物领域分布较少。在调查的35个农民合作经济组织中，就有33个分布在特色种植和养殖业领域，只有2个属于大宗农作物，经营小麦种子。虽各省农业内部结构的差异会导致种植业分布的合作经济组织比例有所差异，但就各产业分布的基本特征看，全国是一致的。从全国范围来看，在种植业内部，蔬菜生产居多，无论是按总量还是按从业人数算，都表现出这个特征。在粮食生产内部，小品种、专用品种、特色产品居多；在畜牧业内部，养猪、养禽、养奶牛居多。

农民合作组织在产业间分布的差异主要是由对市场的依赖程度、区域化生产程度和农业产业化程度不同造成的，但不同产品的资产专用性程度的不同在解释农民合作组织的产业间分布差异时应该受到足够的重视。所谓资产专用性是指为支撑某种具体交易而进行的耐久性投资，一旦最初达成的交易没有到期就提前结束，这种资产改用于最佳其他用途或由其他人使用，那么发生在这种投资上的投机成本要低得多。按照威廉姆森的观点，根据资产专用性程度的不同，所采取的交易形式也有所不同，对于那些资产专用性较弱的资产来说，采取市场交易更为有利，纵向一体化的可能性较小。由于我国目前的农民合作组织的主要职能是农产品销售，生产者和农民合作组织之间是某种程度的纵向一体化。在期货市场上市的品种大多是基础性的大宗农产品，这些商品的一个重要特点是其需求量大且用途极为广泛，资产专用性较弱，因此在这些领域的市场交易更为广泛，农民合作组织的生成相对较难。

对生产者来说，农产品的经营风险主要有生产风险、销售风险和价格风险。生产风险主要是由不可控制的因素造成的，如气候因素，这种风险对各种农产品的影响基本是相同的，这里不做过多的分析。销售风险是由于不能准确预测市场的需求量或需求品种而产生的风险，这种不确定性来源于信息不对称和信息不完全，要降低这种风险需要支付高昂的信息搜寻费用。显然，那些资产专用性较强的小品种的销售风险更大，生产者需要组织起来利用合作组织来解决产品的销售问题，在这些领域里，农民合作组织更容易产生，但对于大宗农产品来说，由于其需求量大且用途极其广泛，销售风险自然小很多，因此在这些领域农民合作组织不太容易产生。价格风险是由于农产品价格的变动而带来的风险，由于大宗农产品关系着国计民生，在我国粮食安全是一个战略问题，政府通常会对这些大宗农产品的价格进行干预，如近年来我国开始运用粮食保护价政策，在这种情况下，生产者对这些产品的价格变动就不太敏感,也就不会积极地去寻求规避价格风险的手段或工具。

在大宗农产品产业中,农民合作组织发育较为滞后,这就影响了农民利用合作组织来参与期货市场。

第四节 我国现有的农业经营方式导致农产品期货市场生产者缺位

从理论上讲,期货市场具有风险规避和价格发现的功能,能够引导和保护农业生产者的生产经营,但现实和理论显然存在脱节之处,在中国的农产品期货市场中很少能见到生产者的身影,为什么会出现这种情况呢?我们认为应根据期货交易过程中交易费用的大小及所能获得的收益来分析这个问题,如果交易费用至少可由参与期货交易所带来的收益来补偿,那么生产者就会选择参与期货交易;显然,既然生产者选择不参与期货交易,这就意味着参与期货交易获得的收益不能补偿相应的交易费用,交易费用过高可能是造成期货市场生产者缺位的原因。从以上的分析可以看出,农户无论是直接参与、通过订单农业或农民合作组织间接参与期货市场都存在一些障碍,在参与期货市场的过程中交易费用过高,以至于参与期货交易所能获得的收益低于相应的交易费用,那么,对于生产者来讲,其理性选择就是不参与期货市场。

交易费用的高低是因为投入产出的物质属性不同、制度安排不同,以及合约规定所付出的执行与谈判努力不同,同时也取决于其他因素,如参加者的人数与交易量、价格的变化和创新等。我国农户在参与期货交易过程中交易费用高是和我国农业的经营方式以及制度安排紧密相关的。众所周知,现代意义的期货交易起始于美国的芝加哥,是由农场主创立了最早的期货交易市场。

虽然美国农业也是以家庭经营为主，但由于其经营规模较大，且农场主是一种职业而非身份，其经营方式是标准的企业化经营，以追求利润最大化为目标，农场主会精确地计算其成本、收益等，农产品市场价格的变化对其影响很大，他们会去寻求规避风险的手段，于是他们也就有动力参与期货市场（不管是直接参与还是间接参与），可以说美国农产品期货市场的成功是建立在大规模专业化农业和自由市场制度之上的，但这种成功并不具有复制性，因为当期货交易制度移植到中国以后，相应的基础及制度安排已经有了天壤之别。中国农业经营方式是典型的小规模分散经营，这种经营方式在中国有着久远的历史，也曾经做出过重大的历史贡献。在自然经济条件下，这种经营方式的弊端并不明显甚至有着某些优势，但是一旦引入市场经济制度，其缺陷就迅速暴露出来。在与市场对接的过程中，由于参与者人数众多和交易规模小，其交易费用必然较高，从以上的分析中也可以看出这一点，这必然影响到农户参与市场的行为，当参与市场交易所能取得的收益不能补偿交易费用时，农户就会选择不参与市场交易，具体到参与期货市场的时候，由于期货交易需具备更高的条件，相关的交易费用必然更高，因此较高的交易费用直接把农民排除在期货市场之外。

我国农业经营属于超小规模，这种经营方式必然带有很强的生存经济特征，而且在我国农民更多的是一种身份而非职业，所以对于小农户来讲很少进行精确的成本收益核算并实行企业化经营，似乎也没有这个必要，小农户的生存经济特征使得其对农产品价格的变化并不敏感。随着经济的发展、非农就业机会的增多，这种状况有进一步加剧的趋势，当农户从事小规模农业的收益无法弥补其生活费用的增加、农业比较收益的下降以及现实社会的制度安排（如中国的户籍制度）使得农民无法完全放弃农业时，

"兼业"就会成为农民的普遍选择。近年来,在农户的收入来源中,来自非农产业的工资性收入一直在增加,而家庭经营收入却在下降(见表6-5)。2000~2010年农村住户工资性收入上升了,2010年工资性收入在农户的纯收入中已经占到41.07%;而来自家庭的经营收入却下降了,2010年在农户的纯收入中仅占47.86%。与此同时,中央的惠农政策使得转移性收入在纯收入中的比重也在增加,2000~2010年从3.5%上升到7.65%。根据我国的现实情况,这种"兼业"现象在相当长时间内将会成为一种常态,从而出现"半工半耕"农业,这种"半工半耕"农业的直接后果就是农业收入在家庭收入中比例下降和农民素质的降低,这又会进一步降低农户参与期货市场的可能性。

表6-5 农村住户2000~2010年纯收入所占比重

单位:%

年份 类别	2000	2001	2003	2005	2007	2009	2010
工资性收入	31.2	32.6	35.0	36.1	38.6	39.99	41.07
家庭经营收入	63.3	61.7	58.8	56.7	52.9	49.03	47.86
财产性收入	2.0	2.0	2.5	2.7	3.1	3.24	3.42
转移性收入	3.5	3.7	3.7	4.5	5.4	7.72	7.65

资料来源:《中国农业年鉴》(2010)。

美国人类学家沃尔夫认为:传统农民主要追求维持生计,他们是身份有别于市民的群体;而职业农民则充分地进入市场,将农业作为产业,并利用一切可能的选择使报酬最大化。显然我国农民不是传统农民,但也绝非职业农民,而是处于二者之间,他们以维持生计为基础,也部分地进入市场,而期货市场要求参与者是职业化的农民,我国农民显然不符合这种要求。

期货交易要求自由市场制度为其基础,而我国正处于由计划经济向市场经济转型的时期,各种制度规则并不完善,政府时常会对市场进行干预,比如出于对粮食安全的考虑,政府通常会对粮食的生产经营及价格进行干预,如近年出台的粮食保护价策略、种粮补贴等。但是,这种补贴在帮助农民增加收入的同时,对调动农民种粮积极性的激励作用却是相对有限的。即使出于良好的愿望,旨在保护农民利益的政策(如农产品保护价格制度),可能反而妨碍了市场机制的作用,导致农业生产效率不能顺应经济发展阶段的变化而提高,以致农业发展成为经济增长的瓶颈。这些政府的干预政策无疑降低了农民参与期货市场的积极性,同时也增加了相应的交易费用。

第五节 我国农民利用农产品期货市场的思考

首先应该明确的是利用期货市场和直接参与期货交易不同,直接参与期货交易是指市场主体或交易者直接进入市场进行交易以达到规避市场风险或获利的目的,而利用期货市场的含义则要宽泛得多,它不仅包括市场主体直接参与期货交易,而且还包括利用期货市场传导出来的信息指导生产经营乃至获利。所以农民利用期货市场并不意味着直接进入期货市场进行交易,而是指利用期货市场的价格信息调整生产经营决策、调整种植结构等。

目前,学术界大多强调中国农民利用期货市场的不利因素,如农户的生产规模小,分散经营,农民文化水平低、不适应期货交易等,然后指出农民进入期货市场的渠道,应利用"企业+农户"、农民合作组织等方式间接进入期货市场。客观地说,这些因素都是事实,也的确阻碍了农民直接进入期货市场。但应该看到问题的另一面,首先,农民有着利用期货市场的强烈愿望。目前,除了少数关系国计民生的工农业产品实行政府指导价外,在社会商品零售总额、农副产品收购总额和生产资料销售总额中，市场调节的比例分别达到95.6%、97.7%和91.9%。农民受市场价格波动的影响越来越大，所以规避价格风险的愿望与日俱增。就农户生产规模小、分散经营这个制约因素来说，农户生产规模小、分散经营既不意味着农民不愿利用期货市场，也不意味着农民无法利用期货市场，因为无论农场的规模多大，也没有什么东西可以代替产品与要素价格体系作为向农民提供基本经济信息的手段。在某些情况下，经营大农场的人可以获得经营小农场的人所无法获得的某些专家的经济咨询信息。支持农业期货价格体制的一种强有力的理由是这种体制通过减少小农在没有专家信息时必然会遇到的价格风险和不确定性来提高小农的效率。因此，生产规模小的农户更有利用期货市场的必要性，所以，生产规模小不应是农民利用期货市场的制约因素，而应是推动因素。至于农民文化水平低导致农民无法利用期货市场也是站不住脚的，对于这一点中国期货业协会原副会长常清有着切身体会，在他深入农村了解现货市场情况时发现，很多农民对农产品市场价格波动敏锐性很强。他不无遗憾地说："如果辅之以农产品期货价格和相关市场信息，还有专业的农产品预测性分析，农民一定会因此受益，服务'三农'才会真正落到实处。"

我们有必要分清利用期货市场和直接参与期货交易的区别，上述因素只是农民直接参与期货交易的阻碍因素，而不能说是利用期货市场的障碍。即使是对生产规模小、分散经营、文化水平低的农户来讲，利用农产品期货市场传导出来的价格信息来指导自己的生产经营决策、调整自己的种植结构、决定在什么时间卖出农产品等都是完全可以做到的。目前，制约农民利用农产品期货市场的更重要的因素是信息渠道不畅，农民很难得到相关的价格信息。广大的农民主要是通过看电视、听广播来接收经济信息，但是我们的电视媒体、报刊、广播电台并没有开设农产品期货信息栏目，也没有请一些专家对农产品的价格变动和供求进行分析预测。

而对于农民直接参与期货交易，除了极少数种粮大户外，多数农民由于生产规模小、文化水平低等因素的制约的确无法直接参与期货交易，而且也不应该鼓励农民直接参与期货交易，因为期货市场本身蕴含着较大的风险，农民直接进入期货市场进行交易极易带来损失。对于通过期货交易实现规避价格风险的目的我们可以通过一些组织形式，如"公司+农户"、"期货+订单"及通过农民合作组织等来实现。其实即使在美国这样的发达国家里除了少数大农场主直接进入期货市场进行交易外，大多数农场主依然是通过农民合作组织的形式间接利用期货市场，直接利用期货市场的不超过10%。

在分析阻碍农民参与期货市场的原因时要分清是直接利用期货市场还是间接利用期货市场，只有弄清原因我们在制定政策时才能有的放矢。

从长远的角度看，真正制约农民利用期货市场的因素是农民的观念问题和利用期货市场的动力问题，所谓观念问题就是农民要有市场的观念。在市场经济条件下，农民已不再仅仅是生产者，还是经营者，因为其收入直接受到市场的影响，而我国多数农民的观念依然倾向于认为自己只是生产者。对于传统农民来说，农业劳动者的生活包含着两种相互矛盾的逻辑，他们自然倾向于认为，自己的角色是生产而不是销售，因此，如果他们的产品销路不好，那是别人的错，而不是自己的错。但是，在市场经济条件下，农民不仅要"种"得好，更要"卖"得好，这就需要利用市场，尤其是利用期货市场的信息来指导经营决策，即农民要变成"农商"。但这种观念的转变需要较长时间。所谓"动力问题"是指要有足够的动力能够吸引农民自愿自发地进入市场、利用市场，而这种动力就是一种利益机制。市场上价格的变化的确影响农民的切身利益，但目前的状况是农民来自农业的收入在家庭收入中所占的比例趋于下降，而务工收入所占的比例趋于上升，但在市场中收集信息、分析信息、利用信息指导生产经营决策是要花费成本的，这样在衡量交易成本和所得收益之后，农民利用期货市场的动力会趋于下降，这样就会出现动力不足的状况。如目前有近一半农村劳动力从事非农产业，其中本地非农就业和外出打工各半。常年在外从事非农产业的劳动力占到了农村劳动力的近五分之一。举家外出的劳动力占到了常年外出劳动力的近三分之一。而这个问题的解决则要靠"农民的职业化"。

第六节 结论及建议

美国农产品期货市场的成功是建立在大规模专业化农业和自由市场制度之上的，当这种交易制度移植到中国以后，就面临着如何与中国的小规模分散经营农业的对接问题。事实上正是我国这种农业经营方式使得生产者参与期货交易的费用过高，参与期货交易的收益无法补偿其交易费用，农户的理性选择是不参与期货市场。可以说，我国目前的农业经营方式导致了农产品期货市场的生产者缺位。

为了让农产品期货市场能更好地服务于"三农"，我们应从以下方面加以改进。

第一，进一步加大改革力度，形成完善的农产品市场和价格决定机制，只有在价格的引导下，农民才会有更大的动力提高农业生产效率，增强农业生产和供给能力，并通过农业提高收入水平。

第二，培养一批专业化的"种养大户"，让其成为农产品期货市场的重要参与者。在现有基础上，通过农村剩余劳动力的转移、土地使用权的流转，使得土地向种养能手集中，形成专业化、规模化种养，通过适当的引导，这些"种养大户"将会成为农产品期货市场的重要参与者。

第三，加快农民合作组织的发展。事实证明，凡是在人多地少的小农经济国家或地区，如东亚地区的日本、韩国和我国台湾地区，农民合作组织在维持农村秩序和组织农民进入市场方面都发挥着至关重要的作用。我国属于典型的小农经济国家，因此应放开对农民合作组织的相关限制，大力扶持其发展。农民合作组织将是大部分农户参与期货市场的主要途径。

第七章 中国大宗农产品领域农民合作经济组织发展的困境
——农民参与农产品期货市场的路径探析

第一节 引言

在期货市场中上市交易的农产品通常需满足如下条件：价格频繁波动、具备一定规模、耐储存及方便运输、易于标准化等。这些特点决定了只有大宗农产品才具备在期货市场交易的条件和资格。对于一个国家的农产品期货市场的发展来讲，作为生产者——农民的参与不仅关系着市场本身的效率及功能的发挥，也是市场发展的重要目的。然而，我国的农产品期货市场自成立之日起就没能很好地解决套期保值主体不足尤其是生产者的缺位问题，囿于我国农业中的小规模分散经营的特点，目前状况下让单个农民参与期货市场显然是不现实的，于是多数学者主张通过农民合作经济组织的形式让农民联合起来参与期货市场[①]。这种新型的农民合作经济组织显著不同于计划经济体制下的人民公社体制，前者萌芽于 20 世纪 80 年代初，发展于 90 年代中期，21 世纪以来

---

① 陶琲、李经谋等：《中国期货市场理论问题研究》，中国财政经济出版社，1997。

进入较快的发展时期。农民合作经济组织在增加农民收入、提高农民的市场地位及组织化程度、促进由传统农业向现代农业的转变中发挥了极其重要的作用。但不容置疑的是，在实践中，我国农民合作经济组织的发展有着明显的区域差异与产业差异[①]。就全国范围看，截至2009年9月底，全国有农民专业合作社21.16万家，大体上平均每3个村已有一个农民专业合作社。从区域分布看，山东、江苏、山西、浙江、河南、河北、辽宁、安徽、四川、黑龙江等10省农民专业合作社数量占到全国总数的66.23%。实有入社农户约1800万户，比2008年底增长一倍，占全国农户总数的7.1%。从产业分布看，主要分布在种植业、畜牧业领域，种植业大体占全国总数的45.2%，畜牧业的约占1/3（30.2%）。然而在种植业内部，以粮食、棉花、油料等为主的大宗农产品行业的农民合作经济组织的数量较少，比例一般在10%以下，远低于其在农业总产值中的比例，而种植业中的蔬菜、水果行业的组织数占总数的比例则分别达到30%、20%左右，远高于其行业产值在农业总产值中的比例。根据河南省的调查统计，河南省合作经济组织中，属于种植业的有3935个，占总数的46.44%，属于养殖业的有2499个，占29%。在种植业中，主要集中在蔬菜、瓜果等特色种植领域，小麦、玉米等大宗农作物领域分布较少，在调查的35个农民合作经济组织中，就有33个分布在特色种植和养殖业领域，只有2个属于大宗农作物。从产业分布的特征看，全国基本是一致的，农民合作经济组织产业分布状况使得以大宗农产品为交易主体的期货市场中农民的参与变得更为困难，同时，大宗农产品领域农民合作经济组织发育的滞后标志着我国农民合作经济

[①] 郭庆海：《我国农民合作社经济组织产业分布差异解析》，《农业经济问题》2007年第4期。

组织的发展整体较为滞后，同时也使得以大宗农产品生产为主的欠发达平原农业区的"三农"问题更加严重。本文试分析造成我国大宗农产品领域农民合作经济组织发育滞后的原因并给出相关对策。

第二节 相关文献回顾

近年来，新型农民合作经济组织的兴起与发展引起了学术界的极大关注，出现了一批有价值的研究成果。罗必良将新古典经济学与新制度经济学的理论方法相结合，对农民合作经济组织进行了规范的经济学意义上的理论与实证研究，构建了经济组织制度逻辑的分析框架。温铁军主要论述了中国农村发展合作社的必要性和迫切性。苑鹏重点研究了中国农村市场化进程中农民合作组织的类型及影响其发展的因素，并介绍了发达国家和地区发展合作社的经验与有关理论。张晓山等揭示了中国各类农民合作经济组织的现状、问题及成因。黄祖辉等结合浙江省农民合作经济组织发展的现状分析了影响我国农村合作经济组织发展的因素及障碍。国鲁来、杜吟堂则通过调查分析，并结合国际理论和经验，说明了农民合作经济组织是我国农业发展的一种现实选择。郭红东等从农户的角度出发，以浙江省为例，运用计量方法分析了影响农户参与合作经济组织的因素。孔祥智等通过实际调查研究了现阶段我国农民合作经济组织的现状、组织及政府的作用。徐旭初、秦中春分别以甘肃、江苏等省为例，对欠发达地区和发达地区农民专业合作经济组织的必要性、可行性、运行机制、问题及对策等进行了研究。郭庆海分析了我国农民合作经济组织的产业分布差异的原因。卜祥银则论述了粮食主产区发展农民合作经济组织的路径及措施。曹利群分析了我国农民合作组织发展陷入困境的原因并主张把资本引入合作社以解决合作经济组织发展农产品加工的资金约束问题。杨小东、姜广东从自生型（自组织）和外来型（他组织）的角度分析了两类农民合作经济组织形式的优劣与演进。李永山提出了"合作组织＋期货市场"的模式，阐述了农民通过合作组织利用期货市场的意义及必要性。

从以上的论述可以看出，我国学术界对农民合作经济组织的研究逐步深入，从初期探讨农民合作经济组织的作用、必要性，介绍发达国家的经验，到结合中国各地区农民合作经济的案例研究，逐步过渡到不同地区、不同产业、不同类型的农民合作经济组织的深入研究。还有的研究从农户需求的角度指出现有的农民合作经济组织必须进入农产品的加工、流通领域，并由之引发合作组织对资本、人才等的需求；但综观现有的研究，对某个行业农民合作经济组织进行专门研究的还比较缺乏，其中，对我国大宗农产品领域农民合作组织的专门研究尤其少。由于以粮、棉、油为主体的大宗农产品的主产区主要集中于我国的欠发达地区，而这些地区往往是"三农"问题最为集中和尖锐的地区，以大宗农产品为主体的农产品期货市场的发展及功能的发挥呼唤着农民合作经济组织的发展为其破题。因此，对大宗农产品领域中农民合作经济组织的发展进行专门研究对缓解我国的"三农"难题，促进农业产业化经营及农产品期货市场的健康发展有着重要的理论和实际意义。

第三节　中国农民合作经济组织产生与发展的产业差异的理论分析

与西方国家早期的合作运动具有较强的政治色彩和宗教色

彩不同，我国目前新型的农民合作经济组织的产生与发展基本上是纯经济性质的，是农户出于改善交易地位、降低交易成本和交易风险，实现有利的交易条件，获取规模收益，由此获得超过机会成本的收益等目的产生和发展的。因此，农民合作经济组织能否得到蓬勃发展，取决于农户对参与合作组织的成本与收益进行比较之后理性决策的结果。不同行业之间农民合作经济组织发展的差异源于农户在参与合作经济组织时所面对的成本与收益的不同。这些差异可以从不同行业的产品自身的特性、人们对之做出的相应反应以及行业所面对的体制环境等因素加以解释。

产品自身的特性主要包括产品的生物、生产技术及市场交易等特征，这是导致不同产品之间交易成本差异的主要原因。首先，就生物及生产技术特征看，多数农产品都具有季节性和易损性特征，但不同农产品对季节性的要求有强弱之分，不同产品的易损性程度也有较大差别，这造成农业生产与交易过程中对时间与季节的依赖不同，进而导致不同产业之间对农民合作经济组织需求的差异。其次，不同产品对生产过程中的技术、管理及资产要求的差异也对合作经济组织的产生和发展有显著影响，一般情况下，对技术及管理要求越高，资产专用性越强，越要求采用专业化生产，对合作经济组织的要求也会随之增强。再次，产品的用途存在着较大的差异，有些产品的用途广泛，有些产品的用途则较为狭窄，即产品的专用性存在差异，一般来说，产品的专用性程度越高对合作经济组织的要求也会增加。

就市场交易的特征而言，不同农产品的单位产品价值及商品率存在差异，这会影响农民合作经济组织的产生及发展。一般而言，农产品的单位价值越大，商品率越高，意味着对农户的影响越大，则农户对市场的依赖程度也就越大，这些领域则容易产生合作经济组织。农产品的供求特性也影响着合作经济组织的产生和发展，若某种产品的供给弹性较小，而需求弹性较大，则这些领域中生产者就会具有较强的合作倾向，而且这些领域最有可能向加工、流通领域渗透。另外，交易规模也是重要的影响因素，交易规模取决于生产规模，生产规模越大则交易规模也就越大，交易规模大意味着交易费用可以在更多的产品中分摊，意味着单位产品的交易费用越小。

产品自身特性的差异影响着人们的行为，对于不同产品人们会采取不同的经营方式，从而影响合作经济组织的产生和发展。如对那些单位产品价值较高，易腐易损性较强，生产过程中对技术、管理及资产要求较高的行业，人们通常会采取专业化的经营方式，这种经营方式会对合作经济组织有较强的需求，合作经济组织容易在这些领域中最先产生并得到较好发展；反之，那些单位产品价值较低，耐储存，生产过程中对技术、管理及资产要求较低的行业里则有实行兼业化的条件，在农业经营规模较小的情况下，人们通常采取兼业经营方式来获取更多的收入以弥补日益增长的消费开支，这些行业中的合作经济组织产生和发展的迫切性就会较低。

不同产品面对着大相径庭的体制环境，就整个国家来说，不同产品对国民经济发展及社会稳定有不同的影响，因此，政府会对不同的产品实行不同的政策，如大宗农产品关系着国计民生，再加上国情方面的考虑，政府会对其实行较为严格的管理和控制，而对其他产品政府一般不会加以管制，这会显著影响到合作经济组织的产生和发展，随着体制环境的变化，行业间合作经济组织的发展也会发生变化。

第四节 大宗农产品领域农民合作经济组织发育滞后的影响因素分析

一 大宗农产品耐储存的特点使得其对出售时间的依赖不强

鲜活农产品如水果、蔬菜等大多具有易腐易损性的特点，这个特点使得鲜活农产品对出售时间有极强的依赖，若不能在较短的时间内出售则这些产品的使用价值就会荡然无存，从而无法实现其价值，故在这些行业里比较容易产生农民合作经济组织，以便通过组织的力量在较短的时间内把农产品售出。和鲜活农产品不同，大宗农产品尤其是在期货市场交易的农产品大多具有耐储存的特点，这使得这些产品对出售时间的依赖不强，从而在这些领域不易产生农民合作经济组织。

二 大宗农产品具有体积大、单位产品价值低的特点，对生产过程中的技术、管理的要求较低，资产专用性弱

一般来说，大宗农产品如小麦、稻谷及玉米等在生产过程中对技术、管理的要求不高，且极易实现机械化，但其产品的单位价值也相对较低。而鲜活农产品或特色农产品的单位产品价值较高，但同时对生产过程中的技术、管理及资产的要求较高，它需要频繁而大量的手工劳动，且不易实现机械化操作，如蔬菜、水果等的种植通常需要约3倍于粮食的劳动投入，但出售部分所带来的报酬也相当于粮食的约3倍，这使得蔬菜、瓜果及特色农产品领域中的农户通常采取专业化的经营方式。我国农业经营规模较小，使得以大宗农产品种植为主的农户无法单独依靠其农业收入满足

家庭开支需要，尤其是近年来我国农民家庭开支日增，这迫使农户寻找其他的工作机会以补贴家用。农业机械化水平日益提高的情况，加上大宗农产品对生产过程中的技术及管理的要求不高，使得农民在农闲季节外出打工有了现实的可行性。于是，在这两方面的作用下，在大宗农产品领域中农户大多以兼业的形式来经营，并且在农业的比较收益日益低下的情况下，农业日益成为农户的"副业"，形成黄宗智所说的"拐杖农业"，在这些领域中，农民在农闲季节外出打工已经成为普遍现象。我们在河南省固始县的实地调研也充分说明了这一点。在调研过程中，我们得到了该县郭陆滩乡太平村有关劳动力外出状况的详细数据[1]（见表7-1）。

表7-1 郭陆滩乡太平村各组家庭人口及外出劳力人数

村组名	家庭人口	外出劳力人数	外出劳力占家庭人口比例（%）
新 庄	170	96	56.47
东 庄	131	60	45.80
清 水	143	77	53.85
上 纪	166	89	53.62
高 庄	295	150	50.85
许 圩	258	140	54.26
新 桥	152	80	52.63
汤 圩	95	58	61.05
西 庄	117	69	58.97
老 圩	131	67	51.15
大 湖	125	61	48.80

---

[1] 感谢郭陆滩乡政府及太平村的村干部，在他们的帮助下，我们得到了郭陆滩乡太平村22个生产小组701户人家有关户主姓名、家庭人口、外出劳力、性别、年龄、学历、外出时间、行业、地点、年收入、个人资产、是否老板、承包土地面积、转包与否、转包价格的详细统计资料。

第七章 中国大宗农产品领域农民合作经济组织发展的困境

续表

村组名	家庭人口	外出劳力人数	外出劳力占家庭人数比例（%）
塘 坊	102	49	48.04
大 庄	140	77	55.00
北 家	89	50	56.18
夹 道	101	58	57.43
河 南	158	92	58.23
赵 圩	138	72	52.17
柳 圩	75	34	45.33
干 圮	153	85	55.56
荒 庄	121	58	47.93
田 畈	286	120	41.96
郑 圩	118	54	45.76
合 计	3146	1696	53.91

表7-1显示，太平村全村总人口为3146人，外出打工的人数就有1696人，占全村总人口的53.91%。其中汤圩村民组外出务工人数在其总人口中所占的比例最高，达61.05%，最低的田畈村民组也有41.96%。像太平村这样高比例人口外出务工的现象在固始县、河南省乃至整个中西部地区都极为普遍，但这种大规模的外出务工并没有导致农地的集中、农业的规模经营。其原因与现有的国家制度安排有密切的关系，如户籍制度、土地制度等。这导致了农民对农业的普遍漠视，同时也造成了这些地区农民合作经济组织的发展滞后。

根据张晓山等人的研究，农民合作组织是不欢迎小规模的、以农业为副业的兼业户的，而且目前外出务工的农民多是农民中文化程度较高的（见表7-2）。从表中可以看出，农村劳动力的文化水平较外出劳动力的文化程度更低，这意味着农村劳动力的转移并非均质进行，具有较高文化程度的劳动力更倾向于流动到非农产业领域就业以获取更高的回报，而农民的文化水平是影响农户参与合作经济组织的非常重要的因素①,文化程度越高,加入合作组织的意愿越强。因此,目前大宗农产品领域中"半耕半工"型的农业经营方式也使得农民合作组织的发育较为迟滞。

表 7-2 2006 年我国农村劳动力文化程度

单位:%

劳动力类型	文盲	小学文化	初中文化	高中文化	大专及以上
外出劳动力	1.2	18.7	70.1	8.7	1.3
农村劳动力	6.8	32.7	49.5	9.8	1.2

资料来源:《第二次全国农业普查主要数据公报(第 5 号)》。

近年来,在农户的收入构成中,来自非农业的收入日渐提高,而农业收入的比重则逐年下降,农业日渐沦为"副业"已是不争的事实,尽管近年来国家出台了减免农业税、给予种粮补贴等政策,这使得农村中的"撂荒"现象有所减缓,但农业不受重视甚至成为农民的"副业"这种现象并没有从根本上得到改变。

三 大宗农产品的商品率低,对市场的依赖程度小

商品率的高低意味着对市场依赖程度的不同。商品率越高,对市场的依赖程度越强,与之相应,市场风险越大,由此导致的交易成本就越高,在这些领域中发展农民合作经济组织就有助于降低交易成本;反之,若商品率低,意味着对市场的依赖较弱,交易成本较小,那么在这些产业中合作经济组织就不易产生及发展。目前,在农业内部,畜牧业的商品率要高于种植业,在种植业内部,蔬菜、水果及特色农产品的商品率要高于以粮食为主体的大宗农产品,而在粮食生产内部,优质、专用品种的商品率要

---

① 王克亚、刘婷、邹宇:《欠发达地区农户参与专业合作社意愿调查研究》,《经济纵横》2009 年第 7 期。

高于普通品种。例如，2003年，河南省城乡居民用以直接消费的口粮达2103.7万吨，占当年粮食总产量的比重达50%[①]。

大宗农产品商品率低的原因首先在于其产品特性，首先，以粮食为主体的大宗农产品的生产者要留一部分自用，如要留一部分粮食作为口粮消费，这降低了这些产品的商品率；其次，我国农业的小规模经营也导致商品率的低下。截至2008年底，我国人均经营耕地0.15公顷，户均经营耕地0.5公顷左右，在某些大宗农产品的主产地比如河南省甚至还要低于这个规模，河南省农村居民人均经营耕地面积1.68亩（0.11公顷），户均经营耕地面积不足0.45公顷。在如此小的经营规模下生产的农产品除去自用外，能拿到市场交易的数量就不多了，因此，商品率普遍较低。随着经营规模的扩大，农产品的商品率会随之提高，这自然会增强对合作经济组织的需求，如在我国东北地区的黑龙江、吉林等省，农户的经营规模相对较大（见表7-3），农产品的商品率较高，农户对市场的依赖相对较强，在这些地区大宗农产品领域中的农民合作经济组织的发育就相对较好；而在同为粮食主产区的传统平原农区的河南省，由于农户经营规模小，产品的商品率较低，则农民合作经济组织的发育就较为滞后（见表7-4）。

表7-3 黑龙江、吉林和河南省农村居民家庭土地经营情况对比

地 区	人均经营耕地面积（亩）	户均经营耕地面积（亩）
全 国	2.28	9.12
黑龙江	11.68	46.72
吉 林	7.75	31.00
河 南	1.68	6.72

注：人口按每户4人计算。
资料来源：《中国统计年鉴》(2011)。

---

① 支树平：《农业现代化建设理论与实践》，研究出版社，2005，第144页。

表7-4 黑龙江、吉林和河南省农民合作经济组织发展情况

地 区	农民合作组织数（个）	入社农户占总农户比例（%）
全 国	21600	15.8
黑龙江	5321	21.0
吉 林	4806	20.0
河 南	8473	9.2

资料来源：根据《中国统计年鉴》(2011)、中国农民专业合作社网数据整理。

从表7-3和表7-4中可以看到，黑龙江、吉林的户均经营耕地面积分别为46.72亩、31亩，而河南省的户均经营耕地面积仅为6.72亩，这导致了农产品商品率的地区差异，对农民合作经济组织的生成及发展产生影响。相应地，根据表7-4，虽然从数量上看，河南省的农民合作经济组织要多于黑龙江和吉林，但这是由河南省乡村人口数较多造成的，而在入社农户占总农户的比例方面，黑龙江、吉林省分别达到21%、20%，而河南省则只有9.2%。

四 大宗农产品资产专用性较弱导致在这些领域难以生成合作经济组织

如果我们把合作经济组织看成一个纵向一体化的组织，则产品专用性的强弱会对其形成与发展产生明显影响。一般来说，大宗农产品的用途较为广泛，不仅是人们的生活必需品，如口粮及食品等，而且还大量地被用作加工饲料。随着近年来生物能源的出现，大宗农产品的用途进一步扩展，故其资产的专用性进一步降低，在大宗农产品领域，产品的销售渠道较多，产品销售较为容易，一般不需通过合作经济组织来销售农产品，故这些行业对合作经济组织要求的迫切性较低。而相比之下，瓜果、蔬菜及特色农产品的用途较为狭小，资产专用性较强，根据威廉姆森的观点，在资产专用性较弱的领域中不易形成一体化的组织，通过市

场交易即可解决问题，但在资产专用性较强的产品领域中，一体化组织则较易产生和发展。

五　宏观体制环境

市场化进程为农民合作经济组织的发展提供了良好的环境，但国家的流通体制等因素依然制约着农民合作经济组织的发展。我国长期以来对粮、棉、油等大宗农产品实行计划购销体制，在这种体制下，大宗农产品领域中农民合作经济组织很难找到生存与发展的空间。近年来，我国粮食购销体制的改革及市场化进程为推进这些领域的农民合作经济组织的生产与发展扫清了障碍。但是，由于粮、棉、油等大宗农产品关系着国计民生，在这些领域中一直无法推进完全的市场化改革，国家通过各种手段对大宗农产品市场进行调控，如我国对小麦、稻米等制定的最低收购价的政策（为保障国家粮食安全，激励农民种粮的积极性而实施的政策），这些政策使得农民没有必要借助合作经济组织来实现农产品的销售，使得农民合作经济组织对农民没有吸引力，即使有了农民合作经济组织也只是停留在提供技术信息，普及及推广的层面，很少进入农产品的加工、流通领域。

六　农民合作经济组织内部管理不规范，农业产业化中的"龙头企业＋农户"模式的推进反而抑制了农民合作经济组织的产生和发展

目前，我国的农民合作经济组织的发展尚处于初期阶段，多数合作经济组织的内部管理都不太规范，而且在大宗农产品领域中由农民自发发起成立的合作经济组织极为罕见，多数合作组织都是由政府或企业领办的，这些由部门或资本主导的合作经济组织并不能真正代表农民的利益，合作经济组织与农民没有也不可

能建立起密切的利益联结机制，农民无法通过加入合作经济组织获取更大的利益，这些因素致使农民加入合作经济组织的积极性不高，合作经济组织的发育面临困境。

在我国农业产业化经营的实践中，政府一直倡导并加以大力扶持的是龙头企业的发展，对农民合作经济组织的扶持与优惠政策往往口惠而实不至。事实上一直采取的模式是"企业＋农户"，以企业为龙头联结农户，农户通过企业进入市场，农户和企业一般通过订单的形式加以联结，在这种模式下，企业获得了大部分的产品加工和销售利润，农户所获利润只是限于生产领域。众所周知，农产品的加工和销售领域的利润远比生产领域丰厚，而且，企业代表的是资本的利益，即使向农户让渡一部分利润也是从其自身利益来考虑的，绝大多数情况是农户得不到来自加工及销售领域的利润。我国农户的经营规模较为狭小，事实上这种模式把农户限制在狭小的生产领域而无法获得农产品的加工及流通领域的利润，这极大地抑制了农民从事农业生产的积极性；再加上"企业＋农户"模式中的企业和农户处于不对等的地位，企业由于在资金、技术、信息等方面具有明显的优势而处于主导地位，农户则处于从属地位，代表资本利益的企业会利用其契约优势强迫农户接受不平等的条件，当然，农户也会在市场有利于自身时选择违约，目前，依然没有更好的办法来抑制这种模式中交易双方的机会主义行为，这些因素都导致了订单农业近年来在我国趋于萎缩。

事实上，"企业＋农户"的模式是一种以资本改造小农的尝试，在一些发展中国家的实践中这种模式均以失败而告终，如菲律宾等。政府之所以强力支持这种模式是因为出于 GDP 的考虑，企业的发展能为政府创造较多的财政收入，拉动当地的 GDP 的增长，政府官员出于政绩的考虑而大力支持所谓龙头企业的发展，

第七章　中国大宗农产品领域农民合作经济组织发展的困境

而农民合作经济组织则很难带来这一切，这显然和我国整体的政治经济体制有关。正是政府对"企业+农户"模式的支持而抑制了农民合作经济组织的发展，它使得农民合作经济组织无法进入利润更高的农产品加工和销售领域（当然也有合作社本身缺乏资金、技术和人才等原因），从而无法对农民产生足够的吸引力。我国的农民合作经济组织与其他国家的同类组织相比具有鲜明的特殊性，欧美国家的农业合作组织是大农场经济，而我们是小农经济；东亚国家的农协组织是长链条的纵向一体化组织，与城市商业资本紧密结合，而我们的产供销一条龙组织不仅受到同行的无序竞争，还受到城市商业资本的无情打压[①]。

第五节　结论

受产品自身的特点和所面临的体制环境的约束，再加上我国农业自身的特点限制，如经营规模狭小等，造成我国大宗农产品的商品率不高，对市场的依赖程度较低；农户对大宗农产品的经营多采取兼业而非专业化的经营方式；以大宗农产品种植为主的农户所采取的行动并非出于利润最大化考虑的企业式经营，而是有较强的以效用最大化为目标的生存经济特征；以大宗农产品种植为主的地区多是传统农区，人们的市场意识较弱，思想观念较为保守和封闭。受这些因素的影响，当前在我国的大宗农产品领域中农民合作经济组织的发育明显滞后。

以粮、棉、油为主的大宗农产品领域中农民合作经济组织的发育滞后意味着我国农民合作经济组织的整体发展水平较为落后，

[①] 熊万胜：《合作社：作为制度化进程的意外后果》，《社会学研究》2009年第5期。

这已严重制约了农民合作经济组织作用的发挥，也使得以大宗农产品为主的农产品期货市场缺乏与农民联系的通道，农民无法有效地利用期货市场，"小农户"与"大市场"的矛盾依然突出。从这些角度出发，应大力发展大宗农产品领域中的农民合作经济组织。在农民合作组织的研究中，那些容易产生合作经济组织的行业被称为"合作优势"行业，如养殖业、蔬菜、瓜果及特色农产品，而以粮食为代表的大宗农产品行业则被称为"合作弱势"行业[①]。鉴于我国的特殊国情，多种经营仍然是我国目前多数农户普遍采用的经营方式，即一个农户既从事养殖，又从事种植，既种植大宗农产品，又种植特色农产品。因此，一个促进大宗农产品领域农民合作经济组织发展的可行措施就是以"合作优势"行业来带动"合作弱势"行业的农民合作经济组织的发展，目前较为现实的措施则是化解农民合作组织的资金和人才等方面的约束，推动农民合作经济组织进入农产品的加工和流通领域，增强其对农民的吸引力。而根本解决之道则在于推动城镇化进程、加快土地制度改革以推进土地流转，扩大农业经营规模，从而实现农业的适度规模经营。

---

① 郭庆海：《我国农民合作经济组织产业分布差异解析》，《农业经济问题》2007年第4期。

第八章 期货市场、订单农业及其组织形式演进

第一节 引言

我国期货市场的发展至今已有近20年的时间,其间走过了一条曲折的发展道路。经过盲目发展、规范整顿等阶段后,从2001年开始逐步走上了健康的发展轨道,交易量和交易额逐年攀升,市场功能得到初步发挥。尤其是近两年来我国农产品期货市场发展迅速,陆续上市了一些关系国计民生的大品种,目前我国已初步形成了以粮、棉、油、糖等大宗农产品为主体的较为完整的农产品期货市场体系;农产品期货市场的价格发现、规避风险的功能已得到公众的初步认可。目前,包括期货交易所和期货经纪公司在内的业界已明确提出"期货市场服务产业发展"的理念。从最初以追求交易量、交易额为目标到目前期货服务产业发展的理念变化来看,我国农产品期货市场已经发生了质的变化。但值得注意的是,从产生至今,我国农产品期货市场始终没能解决的一个问题是套期保值者主体不足,尤其是农业生产者即农民主体缺位,这和我国的经济体制、农业生产经营的特点有关,如国有粮食企业风险意识不足,没有动力进入期货市场规避风险;我国农

业生产规模过小，小农户经济实力弱小，文化素质不高，相关的农业合作组织发育滞后等。农产品期货市场中套期保值者不足的问题已严重制约了其服务"三农"乃至国民经济发展的功能，对农产品期货市场自身的发展也构成了深层障碍。但随着我国市场化进程的持续推进，农业产业化经营的发展、订单农业的出现及发展让我们看到了解决这个问题的希望。

订单农业，又称契约农业或合同农业，指在农业生产前，农户与企业或中介组织签订具有法律效力的产销合同，由此确定双方的权利义务关系，农户根据合同组织生产，企业或中介组织按合同收购农户生产的产品的一种农业经营形式。它由于能规避风险，稳定产销关系，同时可以节省交易费用而受到农民和商人的欢迎，但违约行为的频频发生严重困扰着其发展，近年来，订单农业高达80%的违约率使其深陷高违约率的泥潭。为什么订单农业会出现如此之高的违约率呢？众所周知，订单农业是以订单联结农户和企业的，因此，必须从订单本身及交易双方身上找原因。从根本上说，订单农业的高违约率源自契约的不完全性和交易主体的机会主义行为。由于人的理性是有限的，再加上外部环境的复杂多变，缔约双方难以准确预见将来可能发生的一切事件，因此双方很难确定详尽、精确的契约条款，导致契约是不完全的。刘凤芹将这种不完全性区分为"通常意义上"的不完全性和"注定"不完全性，这种不完全契约使违约成为可能。在执行契约的时候，当执行契约的成本高于违约成本或执行契约的利益低于违约利益时，缔约双方就会有违约的机会主义倾向，正是这种机会主义倾向使得违约成为必然，这就解释了现实世界订单农业中高违约率的现象。但如果我们仔细分析这些违约现象的话，就会发现，除了一些故意欺诈之外，大部分的违约是由于市场价格的变化导致缔约一方遭受了损失。典型情况是：当市场价格低于契约价格时，企业违约直接从市场收购，而当市场价格高于契约价格时，农户就将产品卖给市场。如果能有一种工具将这种价格变动的风险转移出去，则违约率必将大为降低，农产品期货市场就提供了这种工具，它可以使缔约双方的风险社会化，从而大大提高履约率，而且订单农业组织为克服机会主义行为也在不断演进和完善。订单农业组织形式的演进与农产品期货市场相结合不仅能使订单农业的高违约率问题大为缓解，而且能为农产品期货市场在某种程度上解决套期保值者主体不足的问题，从而为其发展打下坚实的基础。

第二节 理论基础与分析框架

新古典经济学主要关注价格机制的资源配置功能，即关注于对市场的研究而放弃了对组织问题的研究，这使得其解释现实的能力大为下降，在弗兰克·奈特提出企业是风险的承载者的观点后，产业组织理论与新制度经济学分别从各自的角度对企业这种组织形式进行了研究。科斯认为企业是价格的替代物，在其首次提出了关于企业本质的交易费用理论后，打开了关于企业本质的"黑匣子"，并因此引发了大量的讨论，主要包括：资产专用性理论、不完全契约理论、委托—代理理论等。在这些理论的影响下，资产专用性、机会主义、不完全契约等概念广为人知且被用于对组织问题的研究。

自改革开放以来，中国的经济组织形式日益多样化，以农业产业化的主要组织形式"公司＋农户"为例，这一组织既有丰富的行业内涵，又有企业组织的基本内涵，学者们对此问题表现出浓厚的兴趣，因而引起了较多的理论关注，对于这种组织形式的高违约率问题学者们也进行了大量的讨论。刘凤芹运用不完全契约理论解释了订单农业的履约障碍,她认为订单农业中合约的签订并没有实现市场风险的完全转移,当市场发生重大变化的时候,需要部分免责,强制执行合约会违背公平和效率原则。显然,其研究并没有解决订单农业履约率低的问题,且其研究对象主要是短期的农产品销售合约,没有涉及长期合约,一旦涉及长期合约或订单农业主体之间的关系超出单纯的买卖关系时,情形会发生很大变化。在短期合约比如缔约双方一次博弈的情况下,"公司+农户"这一组织形式注定是不稳定的。周立群、曹利群研究了这一情况后认为,在这种情况下,公司和农户没有办法制约任何一方的机会主义行为,因为在签订契约时准确地预见未来农产品的价格变化是不可能的,所以,在执行契约时,当市场价格高于契约价格时,农户存在违约的动机,而当市场价格低于契约价格时,公司倾向于违约。简言之,在履约时,总会有一方采取机会主义行为,而且法律对此也无能为力,因为其交易量小且农户众多而分散、经济实力弱。但在长期合约内情形又有很大的不同。如周立群、曹利群认为,基于专用性投资和市场在确保履约方面的作用,公司和农户的商品契约完全有可能在长期内稳定,这是在重复博弈下得出的结论。他们同时认为,若能在公司和农户之间引入合作社或大户这些新的组织元素而形成"公司+合作社(大户)+农户"会有利于公司和农户间契约关系的稳定,因为合作社可以约束农户的机会主义行为。但他们的解释显然无法让人满意,因为他们没能说明订单农业组织形式演进的必然性,如无法解释合作社或大户出现的必然性。于是杨明洪运用外生交易费用和内生交易费用来解释"公司+农户"的起源及其向"公司+合作社(大户)+农户"的演进,遗憾的是,杨明洪得到了和周立群、曹利群相同的结论"合作社(大户)的作用是约束农户的机会主义行为",显然,这一解释仍无法让人满意。生秀东主张运用广义的交易费用概念,并把交易费用区分为契约签订之前的事前交易费用和契约签订之后的事后交易费用来解释"公司+农户"的出现及其向"公司+合作社(大户)+农户"的演进。他认为合作社的引入不仅可以为公司节省交易费用,约束农户的机会主义行为,而且它改变了双方的缔约环境和市场地位,尤其对农户来说,他们可以通过合作社提高与公司的谈判地位,有可能分享农产品加工销售环节的利润,增加收益。这种理论初步解释了目前在一些地方出现的公司积极主动领班合作社,农民积极参加合作社,从而实现双赢的局面。从理论上说,能够为交易双方带来共赢局面的组织形式应该能被普遍接受并广泛推广,但在实践中,这种模式的推广并不顺利,因此必定存在一些因素制约其发展,而且订单农业组织形式的演进恐怕并不会止于"公司+合作社+农户",而是会进一步向前演进。

上述观点理论背景虽有所不同,但存在一个共同点,即非此即彼地看问题,习惯于将研究对象定格于某一具体形式,把组织问题与市场问题割裂开来,忽视了一个基本问题:组织与市场之间存在着密切的联系,忽视了任何一方都无法得到让人满意的答案。因此,本文提出在订单农业组织形式的演进中嵌入农产品期货这一工具,把组织形式的演进与经营方式的创新结合起来,即把组织与市场联系起来进行研究,并提供安徽大平工贸集团的案例作为微观证据。

第三节 农产品期货市场与订单农业组织形式的演进路径

从时间上看,作为农业产业化经营主要形式的订单农业的发展要早于农产品期货市场。但它们产生的背景是相同的:1978年开始的家庭联产承包责任制改革使以家庭为主要经营单位的生产方式得以确立，因我国人多地少，事实上这种改革导致了小农户经营；从20世纪80年代中期开始的农产品流通体制改革则使大部分农产品价格由市场决定，导致农产品价格的大幅起落，分散经营的小农户难以驾驭市场交易伴生的风险，导致"小生产"与"大市场"的矛盾。

为解决"小生产"和"大市场"的矛盾，我国进行了大量探索。在组织形式上，农业产业化经营应运而生而且不断向前演进，"公司+农户"是其初始形式，这种形式由于具有规避风险、稳定产销关系、节省交易费用等优点而发展很快。但如上所述，履约率低成为制约其发展的主要因素，而且分散经营的农户提供的产品的质量不一也影响到企业的生产经营。于是，"公司+农户"开始向"公司+基地+农户"演进，在这种模式下，公司与农户之间的关系更为紧密，公司为农户提供种子、技术指导等，从而保证了农户的产品能够达到公司的要求，但这种模式依然无法解决履约率低、交易费用高、公司与农户的地位不对等而产生的一系列问题，于是订单农业的组织再一次演进为"公司+合作社+农户"，合作社这一新的组织元素的加入大大节省了交易费用，也使农户与公司的地位较为对等，同时提高了履约率，目前，这种形式正在成为农业产业化经营的主导形式。

在市场制度方面，我国开始探索利用期货市场解决农产品价格大幅波动，农产品"买难"、"卖难"等问题，让人遗憾的是，我国的期货市场在建立不久就进入盲目发展阶段，之后是漫长的治理规范和整顿时期，使得这个市场服务产业发展的能力受到极大的限制，以至于在一段时间内淡出人们的视线而沦为"投机"的代名词。但经过治理整顿后的期货市场逐渐步入健康的发展轨道，从2001年开始，交易量开始恢复并逐渐增加，其价格发现和

第八章 期货市场、订单农业及其组织形式演进

保值避险的功能逐步显现,期货业界也逐渐调整其理念,把重点放在服务产业发展的功能上,如大连商品交易所推出了"千村万户工程"及"千厂万企工程",郑州商品交易所则在期货市场服务"三农"方面做了大量工作。

事实上,单从组织形式或市场的角度来研究我国的订单农业问题都无法得到让人满意的答案。无论是"公司+农户"、"公司+基地+农户"还是"公司+合作社+农户"大多是通过订单把缔约双方联系起来而形成某种形式的经济组织,缔约双方通过订单事先把价格确定下来,这种合同相当于某种远期合约,它只是实现了风险在双方之间的再分配,这种极小范围内的风险再分配对双方来说虽然减小了风险完全由某一方承担而带来巨大损失的可能性,但缔约双方仍承担着价格变化的风险,当价格的变化对己不利时就存在违约的可能性,造成违约的一个重要原因是价格变动风险无法在更大范围内转移。因此,仅通过组织形式的演进仍然无法解决因农产品价格的波动而带来的违约问题。

仅通过市场的创新能够解决这个问题吗?众所周知,农产品期货市场的一个基本功能就是规避价格波动的风险,但其功能的发挥是建立在交易主体进入和利用期货市场的基础上。由于农业自身的特点,家庭是主要的经营主体,但我国农户的经营规模较小,而且经济实力弱,不具备直接进入期货市场的条件。因此,若没有相应的农业组织的引导就无法利用这个市场。这不仅会使农产品期货市场的功能得不到应有的发挥,而且还会严重制约其发展。而订单农业这种组织形式则为我国农民利用期货市场提供了一条较好的途径。在这种形式下,农民自己或通过合作社与公司签订契约,由公司进入期货市场套期保值,这样就使得缔约双方的风险社会化,即由全社会承担农产品价格变动的风险,这就极大地降低了订单农业的违约率,同时,农产品期货市场由于获

得了来自农业生产者、经营者的支撑而得到更好的发展。

应该引起重视的一个问题是，即使有了期货市场保障的订单农业的组织形式如"公司+合作社+农户"也并非十全十美。目前，这种形式只是在局部地区获得了初步成功，然而在推广这种模式的过程中却困难重重，重要的原因是作为中介组织的合作社没有起到应有的作用。从以上的论述可以看出，目前我国的农民合作社大部分是由企业或政府领办的，即合作社是外生的，这在农业产业化的初期是较为普遍的，也有一定的积极意义。但这种由政府或企业领办的外生型合作社的业务通常仅限于提供科技和信息服务，事实上并不具备和企业对等的地位，而是常常沦为政府或企业的附属或延伸机构，无法代表农民的利益。这种合作社无法维护农民利益，农民通过这种组织只是获得了出售农产品的正常利润，即使能得到企业给予的二次返利，通常也无法获得产业链的平均利润，即使在运作较好的这类组织中，企业所得也远比农户所得的多。米运生、罗必良提供了一个广东温氏集团的案例。由于企业运作得较为成功，农户获得了不错的收益，但企业通过交易形式反串，利用契约资本的非对称性而得到了更大的利益，农户不仅承担了生产风险，为企业提供了数额巨大的内源性融资，而且承担了本不应由自己承担的公司管理费用。这是一个较为成功的案例，企业具有高度的社会责任感和对长期利益的考虑，农户得到了还算不错的收益，但目前多数企业并不具备这些素质，坑农、害农等现象屡见不鲜。

合作社本是弱者联合起来对抗风险和剥削的组织，但我国目前被部门和资本掌控的合作社没有起到这种作用。企业是追求自身利益最大化的组织，与农户相比其拥有明显的契约资本优势，从理论上讲企业进行了大量的专用性投资且其失信的成本较高，因此企业通常会选择守信，尹云松提供的5个案例似乎也说明了这

第八章 期货市场、订单农业及其组织形式演进

一点,但现实再一次与理论不符。在订单农业的违约事件中,70%以上的是企业违约,农户违约的比率不到30%。合作社的出现虽然缓解了这种情况,但处于企业或政府附属地位的合作社并没有与企业对等的实力。事实上,合作社也无法约束企业的违约行为。这种违约对农户的打击通常较大,因为农业的生产周期较长,农户的投资也具有较强的专用性,一旦公司违约会给农户带来较大的损失。所以对于有着自身利益诉求和精于算计的农户来说,这种合作社对其吸引力不大,这也部分解释了目前在推广"公司+合作社+农户"、"期货+订单"模式的过程中所遇到的巨大的困难。

从以上论述中可以看出,合作社的角色定位是造成上述困难的重要原因。作为一种外生的他组织,合作社没有起到维护农民利益的作用,因此对农民的吸引力不强,和内生的农民合作组织相比,外生的农民合作组织存在较大的缺陷[①]。因此,从组织形式演进的角度看,未来订单农业组织中合作社的演进应是向农民自组织转变,政府为其提供政策、资金、信息等方面的服务,引导农民自组织进入农产品加工、流通及相关领域,增强其实力,以此增强对农民的吸引力[②]。同时,运用期货这个工具以规避农产品价格变动的风险,从而演变出"合作社+期货市场"这种组织形式。

但这并不意味着可以马上过渡到这种形式。由于我国残留的小农意识和农户在知识、技术、经营规模及资金实力等方面的局限性,纯粹的"农户+农户"的组织还较为脆弱。期货市场有特

---

① 姜广东:《农业经济组织形式的选择和政府政策》,《财经问题研究》2009年第9期。
② 曹利群:《资本的引入与农民专业合作社的发展》,《经济社会体制比较》2009年第4期。

殊的交易规则如保证金和每日无负债等制度使得其具有高风险的特征。让尚且脆弱的农民组织直接进入一个高风险的市场并不是一个明智的选择，反而有可能阻碍其发展。因此，根据我国农村的现实生产力状况，"公司+合作社+农户"、"期货+订单"的模式是较为合适的，但合作社要加速向农民自组织转变，在此过程中，合作社可以借助政府和企业的力量以克服其初期发展的脆弱性。

第四节 案例分析：来自大平集团的微观证据

一 背景介绍：安徽大平工贸（集团）有限公司概况

安徽大平工贸（集团）有限公司，是总部位于巢湖市的一家民营企业集团，注册资金4660万元，主营油脂加工、贸易等，2008年总资产已达4亿元，员工千余人。集团所属的核心企业——安徽大平油脂有限公司，是国家财政农业综合开发资金投资参股企业，注册资金14367.39万元，下辖非独立油脂加工企业3家，年油料加工能力达50万吨，为安徽省油脂行业之冠，在安徽省油脂油料加工业中占有重要地位。

二 初期的订单农业模式——"公司+农户"

早在2001年，大平集团就开始探索订单农业模式，开始时尝试推行"公司+农户"的模式。在这种模式下，乡镇政府代表农户与企业签订订单，约定油菜籽上市时企业以略高于市场的价格收购农户油菜籽。但实践中这种模式很不理想，主要表现在履约率没有保证，订单的约束力差。如2001年与大平集团签订的油菜籽订单涉及约40万亩，年产量约6万吨，但当年由于市场行情好，农户纷纷向市场出售,结果实际履约率不到3%,公司只收购到不足2万吨的油菜籽,严重影响到企业的生产。但到2003年,市场行情低迷,大平集团的订单价格为2860元/吨,而市场价格仅为2560元/吨,虽然企业履行了合约,但造成800多万元的亏损,给公司经营带来了严重的困难,也打击了公司对订单农业的信心。而且在这种模式下,缺乏对订单的统一管理,农民种植品种混杂、产量不高、出油率低,影响了企业的产品竞争力。

三 订单农业组织模式的演进——"公司+基地+农户"

鉴于"公司+农户"模式的缺陷,2003年大平集团开始探索"公司+基地+农户"的订单农业新模式,在这种模式下,企业与县农委一起规划油菜籽生产基地,企业为基地提供一定的科技和管理投入,基地上农户即订单对象。这种模式的优点是,企业通过推广优质品种并进行种植指导,能够较好地保障产品质量,但和"公司+农户"的模式一样,这种模式仍然无法解决价格风险规避、交易费用过高的问题,订单的履约率依然很低。

四 订单农业组织模式的进一步演进——"公司+合作社+农户"

为克服上述模式的缺陷,从2006年开始大平集团在原有订单农业组织模式的基础上加入合作社这一新的组织元素,从而使订单农业组织进一步演进为"公司+合作社+农户"。在这种模式下,大平集团领办合作社,每个农户交纳10元股金,成为社员,大平集团与合作社签订订单合同,然后合作社与每户社员签订订单,合作社的引入使得公司大大节约了与每个农户打交道的交易费用,同时也提升了农户的地位,增加了农户的谈判力量,提高了履约率。但在这种模式下，价格变动风险只是在公司与农户之间转移，当价格变化时，双方都可能遭遇损失，风险仍然无法在更大范围内规避，从而影响到了订单的稳定性。

五 订单农业组织形式的演进与市场创新的结合："公司+合作社+农户"+"期货+订单"

2007年6月油菜籽期货的上市使大平集团规避油菜籽市场价格波动风险的愿望成为现实，公司在原有的"公司+合作社+农户"的基础上开展了"订单+期货"的经营模式创新，从而完善了原先的组织和运作模式，规避了市场风险，实现了企业和农户的双赢（见图8-1）。

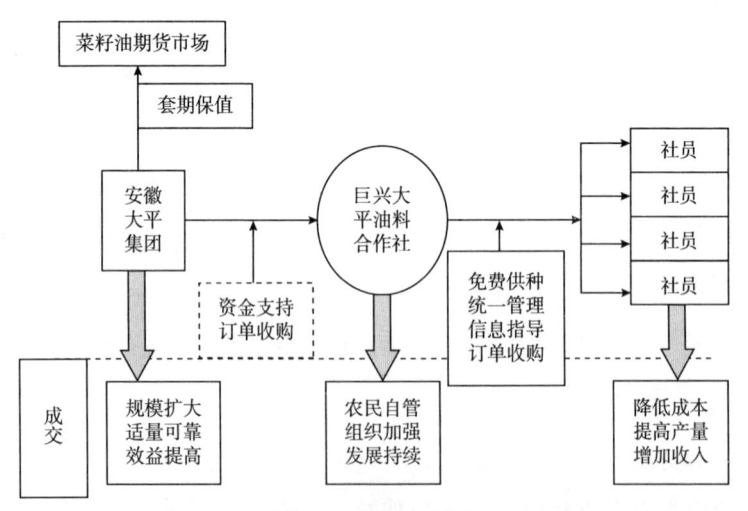

图8-1 安徽大平合作社服务三农的模式

在这种模式中，合作社起着承上启下的关键作用，企业首先与合作社签订免费供种、保护价收购的合同，合作社与每户社员签订详细的订单，规定在油菜籽市价低时，按保护价收购；市价高时，在市价基础上加价收购；在年底实现利润时，对合作社进行二次返利。通过合作社，农户可以有效地组织起来，实现了企业与农民的有效对接。期货市场的介入，保障了订单的执行，实现了期货与现货的有效对接。这种模式消除了农民与企业之间的利益矛盾，实现了"小生产"和"大市场"的有效对接；同时也保障了企业的原料来源和安全优质。从总体上看，这种模式比较适合目前农村的生产力状况。

六 订单农业组织形式演进的趋势及展望

从上述大平集团探索订单农业有效组织形式的过程中可以看出，目前合作社在大平模式的运作过程中起着关键作用，而且这种作用会越来越重要，但同时不应忽视的情况是，大平模式中合作社是由企业领办的，虽然名义上是农民自管，但目前合作社的经济实力、经营能力均无法和企业相比，并不具备与企业对等的谈判地位，在现实生活中常常无法维护农民的利益，合作社目前的这种状况显然无法对农民产生持久的吸引力，这是目前在农业中的多数领域尤其是在大宗农产品种植领域中的常态。因为在大宗农产品领域，产品价值较小，附加值也小，再加上农民生产规模小导致内生的农民合作组织很难自发产生，只能由企业或政府领办，而这些合作社又常常成为企业或政府的附属物或延伸机构，因无法维护农民利益而丧失吸引力。

从长远角度看，随着工业化和城市化进程的推进，农民的生产规模会进一步扩大，合作社的实力会不断增强，再加上政府政策的扶持，合作社最终会取得与企业对等的地位，甚至合作社可以直接进入农产品加工、流通及相关领域，从而最终演变为"合作社+期货市场"这种形式。

第五节 结论：局限性及启示

订单农业的健康稳定发展有赖于组织形式演进及市场创新的结合。单靠组织形式的演进无法解决订单农业的风险在更大范围内的规避，因为任何组织都是有边界的，一旦越出组织的界限，交易主体就必然要与价格媒体发生联系；仅靠市场创新也无法解决生产者、经营者进入市场的问题，即无法解决"小生产"与"大市场"的矛盾，将二者结合起来则能较好地解决这个问题。大平集团的"公司+合作社+农户"+"期货+订单"的模式保证了订单的履行，促进了规模生产，规避了价格风险，促进了企业的持续发展；稳定了企业和农民的关系，推动了合作组织的发展。

但这种模式的发展有一定的局限性。首先，不是所有的农产品都可以在期货市场中交易。在期货市场上市的商品有一定的限制条件，如交易规模大、耐储存、价格波动频繁、易于标准化等，这些条件决定了在期货市场交易的大多是大宗农产品。这无疑限制了这种模式的应用范围，也正是出于这个原因，在订单农业组织形式的演进过程中期货市场一直无法进入人们的视野。目前我国订单农业及农民合作组织在蔬菜瓜果及特色农产品中发展得相对较好。但大宗农产品如粮、棉、油等涉及面广，又担负着国家粮食安全的重任，所以这种模式理应获得人们的重视。其次，这种模式目前只是在某些地区、某些企业取得了初步成功，但是向其他地区推广的过程中遇到了较大阻力，这说明仍存在明显的制约因素，这种模式的进一步发展状况如何尚待观察。最后，应说明的是，虽然我们主张订单农业模式最终将会过渡到"合作组织+期货市场"的模式，但是我们并不主张马上就过渡到这种模式，因为处在发展初期的合作社各方面都较为脆弱，在条件不具备的情况下贸然进入风险较大的期货市场对其发展反而不利。但我们并不反对一些符合条件的地区摸索这种形式,事实上,在我国的东北地区已经出现这种形式。总的来看,我们认为"公司+合作社+农户"+"期货+订单"这种模式是较为符合我国目前的农村生产力状况的。

第九章　中美农产品期货市场发展模式的比较研究

第一节　引言

现代意义上的期货交易诞生于美国的芝加哥，为了减少农产品价格的大幅波动给生产者及经营者所带来的巨大损失，美国创建了农产品的集中交易场所——芝加哥商品交易所。虽然美国在期货市场的发展过程中也经历了一些波折，但其功能及作用逐渐得到了人们的认可，在农业生产及流通过程中发挥了极为重要的作用，在保护农场主、加工商、贸易商乃至国家利益方面做出了很大的贡献。因此，世界上许多国家也纷纷效仿美国建立了自己的期货市场。我国早在1949年前就有了期货交易市场，交易品种涉及面粉、棉纱等商品，但那些在极为特殊的环境下建立的以营利为目的的交易所根本没有发挥其应有的功能和作用，当战乱来临时，这些交易所纷纷倒闭。新中国成立后，我国模仿苏联建立起了高度集中的计划经济体制，在这种体制下，期货市场没有生存的空间。在20世纪70年代末改革开放的政策实施以后，国家逐步放开了对一些领域的管制，大力发展商品经济和市场经济，尤其是率先在农业领域实施的家庭联产承包责任制改革使农民成为独立的生产主体，极大地激发了农民的积极性，农产品产量大幅提高，但从20世纪80年代中期开始的农产品流通体制改革使得农民要面对大市场，开始出现了农产品的"买难"和"卖难"现象，农产品价格的大幅起落极大地损害了农民的利益，也给国民经济的健康发展带来了不稳定因素。于是，利用期货市场解决价格大幅波动的风险被提了出来。经过前期论证和研究，1993年我国建立了第一家期货交易所——郑州商品交易所，我国的期货市场建立以后经历了一个曲折的发展历程，虽然近年来发展迅速，但制约其发展的深层障碍始终没能消除，尤其是套期保值者主体不足的问题至今也没有得到解决，在农产品期货市场上作为市场主体和基础的农民始终无法有效利用这个市场为其生产经营服务，这已严重制约了我国农产品期货市场功能的有效发挥，使其服务"三农"及整体国民经济的能力受到了极大的限制。因此，探讨美国农产品期货市场的发展模式及其与我国农产品期货市场发展的比较研究，对于认识阻碍我国农产品期货市场发展的因素及明确其发展方向有重要意义。

第二节 资源禀赋基础

在期货市场中上市的商品需要具备一定的条件，如要能够储存和方便运输、易于标准化、要具备一定的规模、有价格风险等。因此，大宗初级农产品、能源、金融商品等都具有这些特点，是较为典型的期货商品。对于农产品期货市场来讲，如玉米、大豆、小麦等大宗农产品符合这些条件，是期货市场常见的交易品种。而一些产量和交易量较小的特色农产品则不符合这些条件，因为这些商品本身的产量和交易量很小，供需关系一般会比较稳定，价格波动也不会太大，因此无须期货交易。

期货商品的大宗交易性质对一个国家或地区来说要求其具备较好的资源禀赋条件,如较大的产量、贸易量或消费量等。对于农产品期货来讲,较大的产量及贸易量是其发展的基础,而这就需要一个国家或地区在耕地、水资源、运输等方面拥有良好的自然基础。

美国在农业发展方面的自然资源条件极为优越,有辽阔肥沃的平原适于开垦。到1999年,美国共有耕地面积19745万公顷,占美国土地利用总面积(96290.9万公顷)的20.5%,占世界耕地面积(150151.5万公顷)的13.15%,是世界上耕地面积最大的国家(见表9-1)。

表9-1 1999年美国与世界土地资源比较

项 目	土地绝对数量(万公顷)		土地相对数量(公顷/人)	
	美 国	世 界	美 国	世 界
国 土	96291	1341422	3.40	2.21
耕 地	19745	150151	0.70	0.23
草 地	25345	307901	0.86	0.56
森 林	27154	401611	0.96	0.66

资料来源:联合国粮农组织数据库。

美国土地资源不仅数量丰富,且其质量与可供开发利用的比例都较高。如果把没有产出的土地作为荒地的话,全美国真正的荒地仅占10%(加拿大占58%,世界平均占45%),而具有生产利用价值的土地占90%,平均每人拥有4.6公顷农林牧用地,是世界最大的农业生产国之一。

美国的淡水资源也极为丰富,一个地区的年径流量(年降水量扣除年蒸发量以后的部分)大致可以反映其水资源的丰歉程度。据有关统计,美国本土年平均降水量为6.115万亿立方米,年平均总径流量达2.394万亿立方米,居世界第四位,是世界淡水资源最为丰富的国家之一。由于美国有着丰富的地表径流,还有丰富的

第九章 中美农产品期货市场发展模式的比较研究

地下水可供利用（目前地下水取水量相当于总用水量的20%），故从总体上看，在可预计的将来，美国淡水供应是充足的。

在充足的可利用的耕地资源与淡水资源的支撑下，再加上有良好的气候条件，美国的农产品产量极为丰富。近些年来，美国的人口占全世界总人口的4.5%左右，但它生产的主要农产品一般占世界总产量的20%左右，在世界各国农产品总产量的排位中，美国也始终位于前列。其中，玉米、大豆、奶类的总产量在世界上连续几十年遥遥领先居第一位，棉花、肉类等一般排名在前两位之内。按照全国人均占有水平，多年来美国多数农产品产量都排在世界的前三位。

在农产品的进出口方面，美国从20世纪60年代起就一直保持着世界上最大农产品出口国的地位。几十年来，美国每年向国际市场提供的大豆都在2000万吨以上，占世界出口总量的50%以上，甚至在最高的年份能够达到80%左右；在谷物的出口中，美国连续几十年居世界第一位。美国不仅仅是当今世界上最大的农产品出口国，也是世界上最大的农产品进口国之一。

在农业发展的自然资源基础方面，我国从总体上看尚可，截至2007年底，我国共有耕地面积12173.5万公顷，约占世界总耕地面积的7%。从淡水资源看，我国河川径流总量居世界第六位，但人均占有量仅为世界人均占有量的1/4左右。从主要农产品的总量上看，自改革开放以来，我国农业产量实现了大幅增长，谷类、花生、棉花、油菜籽、水果、猪牛羊肉等主要农产品产量目前已跃居世界第一位，尤其是棉花，2008年全国棉花总产量达近750万吨，产量连续多年稳居世界第一位。除此之外，我国玉米、大豆等产量也在世界上占有重要位置。在农产品进出口方面，2007年我国农产品进出口贸易总额为781亿美元，其中出口额为370.1亿美元，进口额为410.9亿美元。目前，我国已经成为世界第四大农产品进口国和第五大农产品出口国,在世界农产品贸易中占有重要地位。

中美农产品生产和贸易大国的地位使得农产品期货市场的发展具备了基础条件,两国都有可能建立起自己的期货市场体系为其国民经济的发展服务。

第三节 制度基础

期货市场是市场经济发展到一定阶段的产物,其充分发展需要以自由竞争的市场经济作为制度基础。在计划经济及垄断的情况下不可能产生期货交易的需求,因为,对一种商品来讲,期货交易的产生与发展来源于商品本身的价格风险,由于存在着价格风险,保值者和投机者才会进入期货市场规避风险和获取价格变化的收益。而在计划经济或垄断的体制下,商品价格被国家或垄断者严格控制,价格不能变动,交易者就没有回避风险或投机获利的必要了,因此也就不会产生期货交易。综上所述,期货市场的发展是以自由竞争的市场经济为基础,中美农产品期货市场的发展都充分说明了这一点。

美国的经济制度是典型的资本主义市场经济制度。就农业方面来讲,美国农业市场化的产生与发展没有封建制度及其残余的束缚,而且始终与国际市场联系紧密,处于开放状态。虽然政府对农业进行严密的监督和控制,但很少直接干预市场的正常运行,价格通常是由市场来决定的。期货市场的产生和发展也充分说明了这一点。首先,从期货市场产生的历程看,美国期货市场的产生是一个自发的过程,随着农业的商品化和市场化的发展,农产品价格大幅波动使得农业领域的风险日益加大,为了规避农产品价格大幅波动带来的损失,1848年,82位谷物商人在芝加哥创建了芝加哥商品交易所。从制度经济学的角度看，这属于典型的诱致性制度性变迁。其次，从美国农产品期货市场的发展过程看，美国对期货交易的认识也经历了一个过程，从否定、怀疑到承认。在这期间，政府也曾直接干预过市场的运行（如20世纪30年代曾取缔洋葱的期货交易）。但总的来看，政府的作用主要体现在制定法律、法规等方面，很少直接干预市场运行，交易所的发展、品种的上市、期货公司的运作等方面都由市场自行决定，政府通常不加干预。而且，由于美国农业是典型的大农业，地广人稀，经营规模相对较大，劳动效率较高，所以美国基本不存在粮食稀缺意义上的粮食安全问题，政府对农业的监控主要体现在农产品安全与农产品补贴方面，很少对农产品价格进行直接干预。这些都为农产品期货市场的顺畅运行提供了坚实的制度基础。

中国期货市场的产生同样是市场经济发展的产物。在高度集权的计划经济体制下，国家对价格施以严格管制，期货市场没有产生和发展的空间，只是在改革开放以后，政府逐步放宽对相关领域的控制，随着商品经济、市场经济的发展，期货市场才有了生存与发展的可能性。但应该看到，直到目前为止，中国还处于经济转轨时期，并没有完全过渡到市场经济，政府对市场的干预非常普遍，期货市场的产生与发展也体现了这一特点。首先，中国期货市场是在政府的主导下建立的，经过前期的理论探讨后，各地方政府拿出方案，然后由中央审批，符合要求方可设立。从这一过程可以看出，我国期货市场的诞生基于强制性制度变迁。其次，在期货市场的发展过程中，政府对市场的直接干预同样非常典型与强烈。目前，在我国期货交易所的人事任免、规章的制定、新品种上市以及期货经纪公司的设立等方面，政府均起着主导作用，这种状况已经严重影响了市场效率及市场功能的发挥。

由于我国人口众多的特殊国情，粮食安全一直被认为是压倒一切的任务，国家对粮食市场的控制一直较为严格，包括对粮食价格进行直接干预，虽然我国也对粮食流通领域进行过几轮改革，但总也逃不出"松时放，紧时收"的半周期改革怪圈，国家对粮食市场的控制无疑极大地束缚了以大宗农产品为主体的农产品期货市场的发展。在我国，粮食安全的重要性没人能否认，但如果政府对粮食市场的控制一直持续的话，那么我国农产品期货市场的发展肯定是极为缓慢的。随着现代农业科技进步及我国对外贸易规模的扩大，我们应该重新评价粮食安全与农业基础的前提假定，从而最终实现粮棉流通的市场化。如果是这样，那么我国的农产品期货市场应该大有可为。在中国的现有体制下，企业改制不到位，一些大型国有企业拥有事实上的垄断地位，使得这些企业利用期货市场的积极性不高，现行的一些政策限制了相关金融机构进入期货市场，这些都无疑制约了期货市场的发展。

第四节 农业经营规模与农业组织基础

期货市场是在现货市场的基础上发展起来的，其目的是为现货市场服务，为相关产业服务。农产品期货市场，为作为生产者的农民服务应是其最基本的一项任务，同时，广大的生产者的参与也是期货市场发展的重要基石。因此，吸引广大农业生产者的参与是农产品期货市场发展的关键。事实证明，农民是否参与期货交易和其经营规模是密切相关的，舒尔茨曾说小农由于经济实力弱小，更易受价格风险波动的影响，因此，小农更有参与期货交易的必要性。显然，舒尔茨没有考虑到参与期货市场有关的交易费用，在基于交易费用的前提下，通常状况下，小农参与期货交易所获收益远远抵偿不了相关的交易费用，而大规模经营及适度规模经营的农民通过参与期货市场所获收益可以远高于交易费用。因此,小农的理性选择就是不参与期货交易,而大农场主参与期货交易。事实也已经证明这一点,凡是直接参与期货市场的大多是经营规模较大的农场主,小农一般通过合作组织的形式间接参与期货市场。因此,农业经营规模与农业组织的发展是农产品期货市场发展的基础。

在传统农业阶段,美国的农业经营以小规模农户经营为其主要的组织形式,但随着工业发展对农产品需求的增长,中西部运河、铁路和公路的建设,农业商品化程度逐步提高,对农业生产的规模要求也就被提出来了;同时,美国劳动力缺乏的状况使农具向节约劳动力的机械化发展,农场经营规模也在不断扩大(见表9-2)。

表9-2 美国20世纪农场规模变迁

年 份	农场数量 (万个)	农场耕地面积 (十万英亩)	平均农场规模 (英亩)	平均每个农场 总收入(美元)
1900	573.7	839	146	—
1910	636.1	879	138	10817
1920	644.7	956	148	10341
1930	628.8	987	157	10141
1940	609.6	1061	174	10577
1950	564.8	1202	213	21084
1960	395.5	1171	296	27831
1970	294.4	1098	373	40849
1980	242.8	1036	427	67167
1985	232.7	1016	437	55655
1990	214.6	987	460	59122
1995	219.6	963	438	52681
1999	219.1	956	436	55238

注:1英亩=6.075亩。

资料来源:Linda Lobao and Katherine Meyer, The Great Agricultural Transition: Crisis, Change, and Social Consequences of Twentieth, *Annual Review of Sociology*, Vol. 27 (2001), pp. 103-124。

从表 9-2 可以看出，美国平均农场规模在 20 世纪从 146 英亩扩大到 436 英亩，而农场数量则从 573.7 万个减少到 219.1 万个。美国如此大规模的农业经营再加上政府对农业的补贴方能保证农民的专业化经营，农产品价格的变化对农场主的利益影响较大，故他们才有积极性去参与期货交易；而且，由于是大规模经营，农场主的经济实力普遍较强，有能力承担期货交易的费用。据相关研究，目前在美国，直接参与期货交易的农场主约占 10%，而且基本是规模较大的农场主。

但大规模的农场主毕竟是少数，中小规模农场主才是大多数。这些中小型农场主在独自无力负担期货交易费用的情况下，采取了联合的方式，即通过农业合作组织间接参与期货市场。美国的农业合作组织发端于 1867 年在华盛顿成立的"格兰其"农场主合作社，在其获得了巨大的成功后，全国各地的农场主纷纷效仿，从而形成了一个席卷全国的合作社运动，到 1931 年，农场主合作社数量已增加到 22950 个，有社员 300 万人多，年营业额达 24 亿美元。在这之后，合作社步入了一个漫长的调整完善期，其数量开始减少，规模扩大，管理水平提高。1996 年，全美国有 3884 个农场主合作社，平均每个社有 1030 名社员，年营业额为 2500 万美元，总的社员人数约 400 万人。但就今日农场主与合作社的关系来讲，则较以往任何时候都要紧密和广泛得多。目前，美国每 6 个农场主就有 5 个参加了几个合作社，而且合作社实力非常雄厚。农场主生产的农产品中有 31% 是通过合作社加工销售的，其中，乳制品占 78%，谷物占 41%，棉花占 35%，水果占 20%。规模经营的农业加上发达的农业合作组织是美国农产品期货市场发展的坚实基础。

从上面的论述中可以看出，我国的总耕地面积虽然不小，但由于我国人口众多，所以人均耕地面积很小。中国属于典型的小农经济国家,小农经济的历史在我国漫长而久远。早在春秋战国时期,黄河流域就出现了人多地少的局面,再加上传统习惯如诸子平分制等的影响,我国逐渐形成了以小农为主的经济格局,在漫长的封建社会中小农经济一直是其经济基础。随着资本主义的萌芽,工业化进程的加速,20世纪上半期我国曾经出现了经营式地主,这些地主的经营规模相对较大,但由于受机械化落后及农业生产自身特点的束缚,其经营规模一般也都在200亩以下,而且这种经营式地主所占比例及其经营的土地所占比例均不超过10%,占据社会主体的仍然是广大的自耕农、雇农以及佃农等。新中国成立以后,我国实行高度集权的计划经济体制,在农业领域实行人民公社制度,暂时消灭了小农经济,但这种体制严重制约了广大农民的积极性。从1978年开始的改革率先在农业领域确立了家庭联产承包责任制,这种按人口平均分配土地的做法使我国在很短的时期内又恢复了小农经济,从改革开放至今的30余年中,我国农业经营规模在不断缩小。这种超小规模的农业经营必然带有极强的生存经济特征,农民与市场的联系并不紧密,农业生产的市场导向很弱,风险意识不强,这就是虽然我国的农产品尤其是粮、棉、油等大宗农产品的单位面积产量及总产量不低,但始终无法自发产生期货交易的基础性原因,同时这也造成了农民参与期货交易的积极性不高。近年来,随着我国城镇化、工业化进程的快速推进,农民大批进城打工,为扩大农业经营规模创造了条件,但由于受一些制度如土地制度、户籍制度等的约束,尽管国家政策也鼓励土地流转,但扩大农业经营规模的效果并不明显。更为严重的是,由于农村大批青壮年劳动力进城打工,留下来经营农业的就只剩下老人、妇女与儿童,老人与妇女的经营能力与意识较为落后。事实上,在中国的一部分农村,农业已经变为"副业",农民对经营农业的积极性正在大幅消退,因为经营农业和进城务工所获收益相比相差很大，在小规模农业中，农民根本无法获得与其他行业相比的平均利润。因此，中国的这种超小规模的农业经营从根本上制约了农民参与期货市场的积极性，其弱小的经济实力、期货市场的高交易费用使得农民选择远离这个市场。

在目前的这种状况下，单个农户根本无法直接参与期货市场，只能走联合起来的道路，即通过农民合作组织间接利用期货市场。但从目前的情况看，虽然近年来我国的农民合作组织发展得很快，国家颁布实施了《中华人民共和国农民专业合作社法》，但现实状况是农民合作组织普遍存在规模小、经济实力弱、运作不规范等状况，还无法承担连接农民与市场的重任，尤其是组织农民参与期货交易更是困难重重。我国农民合作组织发育的滞后与缓慢有着深刻的历史原因，中国长期以小农经济为主体，农民分散经营，长期的小规模经营的生存型农业使得农民自给自足意识很强，与他人合作的意识薄弱，中国人极为浓厚的家庭观念使得人们与家庭以外的人的合作变得非常困难，这就是费孝通所说的"差序结构"。中国长期以来实行的是高度集权的政治体制，政府的力量极大，这使得农民对政府的依赖过强，忽视了农民之间的合作。所以，在中国历史上农民基本没有合作的意识。虽然，在20世纪二三十年代国民党统治时期曾兴起一次农民合作化的高潮，但这次合作社运动并没有给中国农民留下太深的印象，至于新中国成立以后的农民合作社，则是在计划经济体制下建立起来的，这种强制的合作必然带来低效率，这给农民留下了极为负面的印象，使得人们认为目前的农民合作组织又是回到了原来的老路因而积极性不高，甚至抵制。

以上我们从历史及政治体制等角度分析了我国农民合作组织发展的困境。不应忽视的一个事实是：近年来，我国农民专业合作组织发展得较为迅速,尤其是在一些发达地区农民加入合作社的比例已经较高,如北京、浙江等,但只要我们详加分析就会发现这些农民合作组织的发展对组织农民参与农产品期货市场意义并不太大。从以上分析可以看出,在期货市场上市的农产品都是基础性的大宗农产品,如小麦、稻米、玉米、大豆、油菜籽等,这些大规模作物的生产集中于我国的欠发达地区。我国的农民合作组织的发展存在着明显的地域、产业差异。就产业差异看,大多数农民合作组织集中于蔬菜、水果及特色农产品等价高利大的行业里,大宗农产品行业里农民合作组织则极少,这是由于价高利大的农产品市场化程度较高,市场对农民的切身利益影响较大,且由于其利润较大,农民会对其倾注较多精力而采取专业化经营方式,在较高的销售风险和价格风险的威胁下,农民会自发地组织起来共同去应对。而大宗农产品产业则是另一种状况。首先,由于粮食等大宗农产品关系国计民生,故市场化程度较低,这就降低了农民参与合作组织的积极性。其次,由于粮食等大宗农产品也关系农民自身的生存,加上我国是小规模经营农业,故农民的剩余较少,而且大宗农产品的需求弹性较低,价格不会太高,这又极大地降低了农民参与合作组织的积极性。再次,就地区差异看,农民合作组织发展得较好的地区多是发达地区,这些地区不以生产大宗农产品为主,即使有也是以自需为主。而以生产大宗农产品为主的地区又大多是欠发达地区,比较收益较低,这些地区的农民合作组织的发育大多较为滞后,再加上本地工业化、城镇化进程较为缓慢,导致这些地区的青壮年农民大量外出务工,留下的老人、妇女等经营能力低下,在农业已沦为副业的情况下,农民对参与合作组织的积极性自然不高。以上的这些情况表明,通过农民合作组织的引导使农民参与期货市场目前还不可行,对农民合作组织的发展尤其是欠发达地区大宗农产品领域中的农民合作组织还需大力扶持。

农户与期货市场的连接中还必须提到一个重要的中介组织——涉农企业,农民在涉农企业的带动下参与市场交易,即我们通常在农业产业化经营中提到的"公司+农户"或"企业+农户"。这是一种农户间接利用市场的重要形式,近年来也得到了快速发展,通过这种形式参与期货市场的模式即"公司+农户"、"期货+订单"的方式,这种模式被认为是农民参与期货市场的重要途径,目前被业界寄予厚望。但这种模式在目前状况下存在着难以克服的弊端:首先,在这种模式下,企业要和分散的小农户打交道,这会带来很高的交易费用,往往使企业不堪重负;其次,这种模式下的企业和农户的地位不对等,农户由于经济实力薄弱而处于弱势地位,在双方的谈判中企业往往处于主导地位,而且监督约束机制极不健全,极易出现企业利用自身的优势地位而打压农户的现象。现实生活中一些企业不仅没能引领农户进入市场,反而坑农、害农,成为农民受害的另一来源,所以目前"企业+农户"这一产业化经营模式运作得并不成功,尤其在大宗农产品领域更是如此。

综上所述,我国农业经营规模小,农民合作组织发育滞后,涉农企业的不规范运作造成了我国农产品期货市场上的生产者缺位,使得其服务"三农"的功能大打折扣,并给其进一步发展带来了极大的隐患。

第五节 相关的服务体系

农产品期货市场的健康发展和顺畅运行除了上述基础性条件外,相关的服务体系同样非常重要,如教育、信息体系、金融、物流、投资环境等。由于期货交易是高智力的行业,相关交易者

第九章　中美农产品期货市场发展模式的比较研究

若想正确理解其运行需要较高的文化素质，所以需要教育体系的支撑；期货市场服务相关产业需要高效的信息服务体系；其资金运行需要金融系统的支持；农产品的实物交割是期货市场正常运行的关键，而交割的正常运转则需要高效的物流相配合。

美国的教育体系较为发达，在其支撑下，美国国民的整体文化素质提高很快，在20世纪70年代就进入世界前几名，到90年代它成为世界最高教育水平的国家。其中，在25岁以上的成年人中，拥有大学文化水平的占46.5%，居世界第一位；在信息服务体系方面，经过几十年的不断完善和发展，特别是在近20年中，美国已经形成一套比较完整的农产品市场信息收集、发布体系，农产品市场信息及其运行过程中的各个环节都已达到了规范、有效的程度。目前，美国的农业信息化强度已高于工业，农业信息技术已进入产业化发展阶段；美国的金融业之发达举世公认，在农业方面，政府的农业资本信贷系统及商业性农业信贷系统支撑着其高度发达的农业。农场主及相关的经营者在利用农产品期货市场时都可以很方便地从政府或商业银行机构获取金融支持；美国发达的水路、铁路及高速公路运输网使得期货交割环节畅行无阻，运作良好的期货市场不仅需要套期保值者的参与，而且需要大量投机者来承担套期保值者转移出来的风险。因此，良好的投资环境对期货市场的发展同样至关重要，美国有"全民皆投资"的理念，而且还有众多投资基金，有足够的资金使期货市场保持活跃，足够的投机者承担保值者转移出来的风险。

反观中国，农产品期货市场发展的相关服务体系远不够发达。目前的教育水平尤其是农民的教育水平根本不足以使其理解期货交易的运作机理，这就极大地制约了其参与期货交易的可能性；在信息服务方面，中国也远不能支撑期货市场功能的发挥，在农业信息服务方面还存在"信息的最后一公里"问题；在金融支持方面，中国目前的政策不仅不支持金融机构向期货交易者提供贷款，还严格限制其参与交易和向相关交易者提供融资，这严重制约了有关期货交易者的积极性和热情；在物流方面，中国运力紧张的问题至今也没有得到根本缓解；中国的投资环境也不利于期货市场的正常健康发展。目前，在大部分中国人心中参与期货交易等于投机，中国的经济发展水平、期货交易的高风险性使得大部分人没有能力投资这个市场，市场运作的不规范及政策方面的诸多限制也使得很多结构投资者不愿或无法参与期货交易。

第六节 结论及对中国的启示

中美农产品期货市场的产生均源于农产品价格的波动，但其发展却需要一系列基础条件。中美两国皆为农业大国，一些大宗农产品产量、消费量均居世界前列，这是支撑两国农产品期货市场发展的最基础的条件。但美国的自由市场经济制度、规模经营的农业、发达的农业合作组织及完善的服务体系支撑了农产品期货市场的健康发展，使其在国民经济运行中发挥了极为重要的作用。但中国的情况则不同，处于经济体制转轨中，政府对市场的普遍干预、小规模分散经营的农业、农业合作组织发育的迟缓及相关服务体系的不完善构成了中国农产品期货市场发展过程中的障碍，使其在服务"三农"及整体国民经济发展上的作用甚微，目前看似健康兴旺的发展事实上是基于中国巨大的农业产量、消费量的支撑。如果市场制度、农业经营规模、农民合作组织及相关的服务体系等方面的问题得不到解决，农产品期货市场的进一步发展必将受到严重制约，其作用肯定是有限的。

因此，这对我国农产品期货市场发展的启示如下。

其一，进一步深化改革，减少政府对市场运行的直接干预。

其二，加快土地制度、户籍制度改革，加快土地流转，推动农村剩余劳动力的转移，扩大农业经营规模。

其三，大力扶持农业合作组织的发展，尤其是大宗农产品领域的农业合作组织。

其四，加快完善相关服务体系，放宽相关政策限制，对教育、信息、物流等加大投入，优化投资环境。

上述改革，尤其是考虑到市场制度、土地制度等的复杂性和极广牵涉面，必然需要一个较长的过程，农产品期货市场的深入发展及服务"三农"和国民经济功能的发挥也必将是一个长期的过程。

第十章　中国应加快推出农产品期货期权

第一节　期权市场的产生和发展

期权交易的萌芽可以追溯到18世纪。在工业革命和运输贸易的刺激下，欧洲和美国相继出现了有组织的期权交易，标的物以农产品为主，均采用场外市场（Over – the – Counter Market）的交易形式。18世纪末美国出现了股票期权，到19世纪时，期权交易已经包括股票、实物商品、贵金属以及房地产业务等。在20世纪20年代以前，美国期权市场没有严格的规范，相当混乱，人们倾向于将期权等同于赌博。20世纪初，虽然美国政府对期权的管制非常严格，但期权交易仍得到持续发展。

从1968年起，经纪商们开始研究成立集中交易所的可能性，随后全世界第一个期权交易所——芝加哥期权交易所（CBOT）在1973年4月26日成立，标志着现代意义上期权交易的开始。

交易所内的期货期权最早产生于1980年芝加哥期货交易所的大豆期货期权，此后，美国、日本、加拿大、阿根廷的农产品期货交易所纷纷推出了多种农产品期货期权合约。目前，在商品期货期权中，农产品期货期权仍然是最主要的交易品种。2000年，各国交易的农产品期货期权合约数目达到 43 个，约占全球商品期货期权总数的一半（见表 10-1）。

表 10-1 2000 年世界各国交易的期权品种分布

单位：个

类别	农产品	能源	金属	贵金属	软饮料	其他	合计
数量	43	14	15	6	10	5	93

期权自 1973 年产生以来，交易量一直呈现稳定的增长趋势，近几年期权市场交易量的增长速度明显加快，1999 年全球期权交易量突破 10 亿张，2000 年突破 15 亿张，2001 年又突破 25 亿张，已超过全球期货合约的总交易量，显示了极强的发展势头。在期权市场上，金融期权发展迅速，占据了期权市场的大部分成交量，在交易量方面，2001 年 CBOT 的玉米期货期权的交易量达 486 万张，排在商品期货期权的第三位，仅次于石油期货期权（773 万张）和天然气期货期权（597 万张），大豆、小麦农产品期货期权分别排在第四位和第六位，可见，农产品期货期权在商品期权中占有十分重要的地位。

第二节 期权交易的主要特点

一 期权交易成本低，操作灵活

期权交易成本低，杠杆作用比期货交易还明显。期权买方只要缴纳少量的期权权利金，就可获得期权合约，达到保值或者投机获利的目的，因此，期权交易备受中小投资者的青睐，美国等发达国家的很多农民及小生产者都会十分熟练地利用农产品期货期权进行套期保值。同时，期权买方在缴纳权利金获得期货合约后，不需要缴纳保证金，不需要像期货合约那样逐日盯市并被要求随时补足保证金,也不存在因保证金不足而被强行平仓的风险。因而期权交易在国外深受投资者欢迎,特别是受到广大中小投资者以及上班族的欢迎。

二 期权的风险和收益具有非线性特征

期货交易的风险和收益是线性的,即随着价格的变化,期货头寸的风险和收益都呈线性增长,而期权的风险和收益则具有非线性的特征。期权的买方,其风险有限而收益无限;而期权的卖方,收益有限但风险相比买方更大些。

对于期权买方来说,它的风险是有限的,最高损失是期权权利金额度,即期权买方为获取期权合约所赋予的权利而向卖方支付的费用。如果期货价格走势对买方不利,他可以放弃执行该期权合约,损失的仅仅是一笔权利金,如果期货价格走势对买方有利,则买方执行期权获利。对于期权卖方来说,他的风险相比买方要大,但由于其事先收取了一笔期权权利金,因此他的风险小于持有相应期货头寸的风险。所以,买卖农产品期货期权的风险事实上比单纯的买卖农产品期货合约的风险要小许多。

期权的这种非线性特征可以使期权与期货之间、期权与期权之间构造出多种复杂的资产组合,从而满足不同偏好者不同价格预期及投资决策的需求,因此,期权的诞生极大地丰富了投资者的投资工具。

三 期权价格与期货价格的相互作用

期权价格与期货价格的变动是密切相关的。首先,期权价格以期货价格为基础,由于期权执行后会获得相应的期货合约,因此期货价格的变动是影响期权价格变动的最为重要的因素。同时,相关商品期货价格的波动幅度大的时候,期权价格较高,这是因为期货市场价格的波动为期权转化为盈利提供了更大的可能性，因此，期权卖方要求保护价格的需求也更强烈。其次，期权价格变化对期货价格也会产生一定的影响，当期权价格受到不均衡的多空力量冲击而出现异常的涨跌时，这种变化会通过大量的套利行为传递到期货市场并引起期货价格的短期波动。最后，当期权合约临近到期日时，会有大量期权合约被执行，一些期权卖方获得不如愿的期货仓位后会选择主动平仓，也可能因超仓而被迫平仓，这些都会对期货价格产生一定的影响。总之，期权价格随着期货价格的变化而变化，期权价格对期货价格的影响是从属的、短期的。

第三节 我国推出农产品期货期权的必要性和可行性

一 我国推出农产品期货期权的必要性

（一）推出农产品期货期权，可以为政府粮改提供更多的市场化手段

推出农产品期货期权为订单农业中的企业、农民合作组织和农民提供简便易行、风险较小的避险工具，有利于保护、促进国内农业的发展，为农民增收服务。

目前，对我国的农民和粮食经营企业而言，他们的资金实力普遍单薄。虽然他们可以通过期货市场来规避现货市场的价格风险，但是，期货市场实行逐日盯市制度，期货市场价格的剧烈波动会导致期货保证金的相应变动，一旦看错行情或市场上期货价格向着不利于自己的方向变动的时候，交易者就面临着追加保证金的压力，进而会影响到套期保值的效果，会降低他们

参与期货市场的积极性。比如按照目前期货经纪公司收取8%的保证金计算，即杠杆率为12.5倍，交易者一旦看错行情，期货价格1%的波动就会使其遭受12.5%的损失，一旦发生涨跌停板（±3%），盈亏率将达到37.5%，而这些盈亏率会转化成追加保证金的巨大压力，使他们的套期保值效果大受影响。面对这种风险，那些资金实力单薄的企业或农户只好对期货采取避而远之的态度。同时，最低开户资金要求也挡住了一批资金实力不足的交易者利用期货市场的步伐，当前，一些期货投资账户的最低开户资金额要求是5万元，这对广大的农户而言无疑是一个相当高的门槛。

利用期权规避现货市场风险则更具优势，它可以克服利用期货市场进行套期保值的弊端。买入期权不用缴纳保证金，只需缴纳少量的权利金，而且，在交易过程中也没有追加保证金的压力，所以对于农户和粮食经营企业或农民合作组织等非专业投资者来说，通过买入期权合约来规避农产品价格波动的风险，不仅能够防范价格不利变动的风险，还能保留价格有利变动带来的好处，是比较理想的选择，可以大大增强农民的市场意识。

从国际范围内看，农产品期货期权作为一种有效的避险工具，越来越得到世界各国的重视。以美国为例，芝加哥期货交易所是全球最大的农产品交易所，自1982年以来陆续推出大豆、玉米、小麦等期货期权交易，成本较低，方式灵活，为交易者提供了更多的价格保护形式。此后，很多现货商改用期权代替期货进行保值交易，由于期权交易的买方在支付少量的权利金后，不必随时追加保证金，所以一些规模较小的现货商农场主以及对期货交易不太了解的企业更愿意利用农产品期权实现保值的目的。

1993年美国农业部尝试采用期权这一形式来代替农业补贴，保护农产品价格。1992年10月美国农业部宣布，根据

《1990年农业法》，将从1993年度开始，通过支付农场主购买期权权利金的方式，鼓励部分农民进入芝加哥期货交易所购买玉米、小麦、大豆的看跌期权并进行期权交易，以维持玉米、小麦、大豆比较合理的价格水平，美国政府这项政策的主要目的是试图利用市场机制保护农产品价格，以此代替以往的农业支持政策。这项政策极大地增强了美国农民参与期货市场的积极性，增强了农民的市场意识，将巨大的农产品价格风险通过期权市场转移和分散。这一政策的直接结果是：既减少了美国政府的财政补贴，保护了农民利益，又维护了粮食市场的价格形成机制，对农民及现货商未来的生产和经营，对社会资源的合理分配均发挥了正确的导向作用。因此，美国政府的这一做法很值得我们借鉴。

上市农产品期货期权有利于运用市场化手段来化解期货市场的潜在风险，促进期货市场的稳定发展。

每当中国的期货市场出现较大风险的时候，政府往往会出台相应的政策措施来化解风险。行政政策措施的优点是收效快，但也存在着很大的不足，它的"一刀切"很容易使货市场陷入"一管就死，一放就乱"的怪圈，而通过期权为相应的期货头寸提供保护，可以防止期货市场因意外事件而引发的市场恐慌。因为，有了期权为相应的期货持仓提供保护，交易者的持仓心态就会比较平和，从而跟风盘和恐慌盘就会大大减少，因此，可以促进期货市场的稳定发展。

（二）上市农产品期货期权交易有利于保护投资者参与期货市场的利益，促进期货市场功能的有效发挥

市场中存在各种类型的投资者，他们对风险有着不同的偏好，对价格走势也有着不同的预期，而期货品种本身的局限性令投资者无法选择更为灵活的风险收益方案，期货期权合约推出后就极大地丰富了投资者的资产组合,期货和期权可以组合出灵活多样的交易策略,如期权的卖方为了防范履约的风险,事先在期货市场上买入相应的期货头寸进行保护。

更为重要的是,期权组合策略的运用有利于吸引更多的投资者参与期货交易,有利于提升期货市场的交易量、持仓量和效率,使期货市场的功能得到进一步发挥;而且期权价格与期货价格相互作用,有利于提高市场的定价能力,当期货市场价格与期权价格偏离市场的均衡水平时,套利者可以在期权市场与期货市场之间进行套利。期权价格和期货价格的互动有利于改善期货市场的运行质量,促进期货市场价格发现功能的发挥。

(三)上市农产品期货期权可以实现与国际期货市场接轨,增强国际竞争力

当前,世界商品期货市场出现了立体化发展的多层次格局,有期货必然有期权,几乎所有成熟的商品期货都有相应的期权交易。如美国芝加哥期货交易所从1984年开始期权交易后,原来上市的期货品种逐步推出期权交易,而后来上市的交易品种都是期货和期权一起上市,期货和期权相辅相成,有利于增强期货市场的国际竞争力。

目前大连商品交易所已成为全球第二大大豆期货市场,仅次于美国芝加哥商品交易所,但期权市场的发展十分落后,日本东京谷物交易所、阿根廷布宜诺斯艾利斯谷物交易所的大豆期货交易量都远不及大连商品交易所,却早已推出了大豆期货期权合约。期权合约的推出丰富了投资者的资产组合,增强了对投资者的吸引力,也提高了本交易所在国际市场中的竞争力。因此,我国应尽快推出成熟品种的农产品期货期权,培育完善的农产品期货市场,这对提高我国在农产品现货交易中的地位、增强市场竞争力意义重大。

第十章 中国应加快推出农产品期货期权

二 推出我国农产品期货期权的可行性

(一) 大多数农产品价格已实现市场化，现货商规避风险意识强烈

目前，随着我国粮食流通体制改革的深入，我国多数农产品包括大宗农产品如大豆、玉米、小麦、棉花等的价格已基本实现市场化。价格是由市场供求关系决定的，因此与这些农产品相关的现货企业在生产经营过程中面临着较大的价格波动风险，尤其是在我国加入WTO后，国内农产品价格受国际因素影响较大，农产品价格变化的不确定性加剧，更需要利用相关工具进行保值和避险，而在衍生工具方面，期权合约具有期货合约所不具备的诸多优势。期权合约的成本较低，权利金远远低于期货保证金，而且期权合约运作简便，现货商在购买期权合约后，不必随时盯盘和追加保证金，不必承担因保证金不足而被强行平仓的风险。期权合约操作灵活，持有者根据价格变化，既能够在市场上卖出期权平仓，又能够随时执行期权以获得期货仓位。因此，农产品期货合约的推出，必将受到市场的广泛欢迎，吸引大量现货商，尤其是中小现货商的积极参与。

(二) 我国期货市场交易活跃，功能发挥比较充分

近几年来，经过规范整顿的中国期货市场开始活跃，我国期货市场的活跃尤其是大宗农产品期货的活跃为农产品期货期权的成功运行打下了良好的基础，从2001年开始我国期货交易量和交易额稳步增长（见图10-1）。

随着我国期货市场规模持续稳步增长，其内在运行质量也发生了深刻的变化。以小麦、大豆为例，郑州商品交易所的小麦期货价格和现货价格与墨西哥湾小麦价格保持较高的相关性，相关系数都在90%以上。大连商品交易所的大豆期货价格和现货价

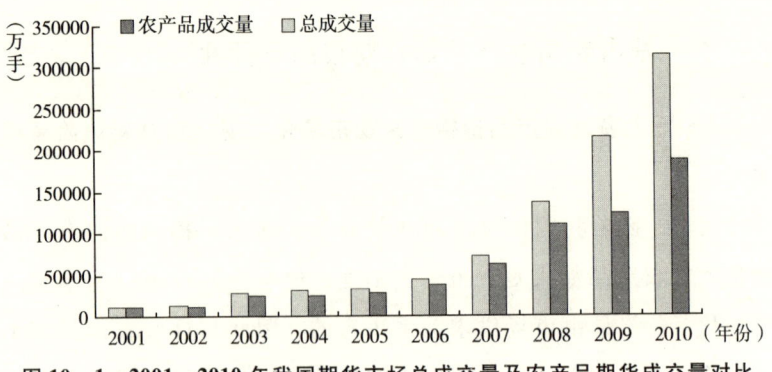

图 10-1 2001~2010 年我国期货市场总成交量及农产品期货成交量对比

资料来源：根据中国期货业协会统计数据整理。

格与 CBOT 大豆的价格也保持较高的相关性。郑州小麦期货价格和大连大豆期货价格已成为产区农民和广大现货商密切关注的市场价格，由于期货价格是期权价格的重要构成要素，期货价格的真实与稳定，对于期权交易的成功运行及功能发挥都有着重要的作用。

在农产品期货期权合约推出后，期权价格以其成本低、操作灵活的特点，对现货价格乃至期货价格都会产生一定的前向预期作用，有助于增进期货价格的真实性和权威性，从而更有效地发挥期货市场的功能。

（三）交易所控制风险的能力在不断提高

期货市场虽然是一个为现货商规避风险的场所，但它自身也蕴涵着巨大的风险。目前，我国农产品市场已基本放开，农产品价格由市场决定，极易受到来自国内外各种因素的影响而导致期货价格的剧烈波动，当期货价格持续剧烈动荡时，结算风险就有可能出现。规范成熟的交易所面对这种风险隐患时，通常情况下不会出台任何有悖于"三公原则"的临时性措施来干预市场，只要坚持依法治市，按照规则规范运作，风险一般都能自然化解，市场也不会产生过大反应。

经过前一阶段的治理整顿，再加上交易所在控制风险方面积累了一定的经验，目前，国内三家交易所在应对市场风险方面都具备了较高的市场管理水平和风险防范能力，在农产品期货期权推出后，交易所完全有能力控制期权市场的风险，保证期权交易的完全运行。

第四节 政策建议

一 尽快开展期权交易的试点

我们要选择合适的品种进行期权交易的试点，如郑州小麦、大连大豆等，近年来小麦、大豆等品种的期货交易活跃，这为期权交易的推出奠定了良好的基础。

开展期权交易试点有着重要的意义：首先，我们对期权进行了长期的研究，做了一些必要的上市准备，期权交易有一个较好的试点基础。其次，期货市场运行环境较为稳定，在我国加入WTO后，面临着日趋激烈的国际竞争，需要期权这种工具进一步完善期货市场功能，提高期货市场运行质量，而所有这一切都需要一个实验的场所和机构。因此，我们要尽快选择合适的品种进行期权交易的试点。

二 加强投资者教育，特别是对参与者进行风险分析的教育

我国的期货市场一直都不太重视对投资者的教育工作，致使广大的市场投资者对期货市场产生诸多误解，至少是对期货不太了解和熟悉，这直接限制了投资者参与期货市场的积极性，而国外的期货市场在推出新品种时都要通过各种渠道对投资者进行广泛的宣传和教育，这一点很值得我们借鉴。期权上市后能否成功

一个重要的标志就是流动性的高低,而流动性高低是与市场参与者的多少和踊跃程度有密切关系的,虽然我们可以通过制度设计和采用做市商制度来在某种程度上解决这种问题,但投资者教育工作对期权交易的成功与否至关重要。

第十一章 中国农产品期货市场国际定价权缺失的经济学分析

第一节 引言

进入 21 世纪以来,包括农产品在内的国际大宗商品价格的剧烈波动已经成为国际经济形势变动的一个新特点,随着我国经济的快速发展,对大宗商品的需求增长迅猛,使大宗商品价格飙升的"中国因素"受到广泛关注。在农产品领域,随着 2008 年我国对农产品在加工、流通领域中外资进入限制的取消,农产品的国际定价权及我国的粮食安全问题正在日益凸显。本文首先对相关文献进行回顾,分析近年来我国农产品国际定价权缺失的基本事实;接着考察期货市场在决定大宗商品定价权中的理论依据及必要条件;然后分析我国农产品期货市场国际定价权缺失的原因;最后得出相关结论并给出相应的政策建议。

第二节 相关文献回顾及评价

价格发现是期货市场的基本功能之一,并因此而受到人们的广泛关注,关于这方面的文献数量繁多,但现有文献大多集中于讨论期货市场价格发现的效率问题，即期货价格是否对现货价格的无偏估计，而对期货市场国际定价权方面的研究则起步较晚，相关文献也相对较少。其可能的原因是现代意义上的期货市场起源于欧美国家，欧美的期货市场也一直在世界范围内占据着主导地位，交易规模和市场份额较大，几乎天然地拥有多数大宗商品的定价权。但是近年来随着新兴发展中国家期货市场的兴起与发展，欧美等国的期货市场开始受到一些威胁，于是通过期货市场争夺大宗商品的国际定价权的问题开始受到理论界以及相关实践部门的重视。

从现有文献看，对商品定价权的讨论多集中于能源、有色金属等原材料方面，对农产品定价权的讨论相对较少，而且对期货市场在定价权方面的讨论多被包含于对广义定价权的研究中。Fung H、Leung W. K. 等研究了中美之间铜、大豆、小麦3种期货交易的关系，认为：在中国，受政府管制和进口限制较少的铜和大豆两种产品，其期货价格受美国期货市场价格的影响明显，后者通过信息传递对前者起决定性作用；Kaufmanm. R. K 通过对影响石油价格变动的因素进行研究时发现，OPEC 对世界石油价格的影响力不断下降，而 OECD 国家则对世界油价的影响力量不断增强。随着"中国因素"的出现，大宗商品价格的大幅波动给中国经济发展带来的威胁日益增加，国内一些学者开始讨论大宗商品进口的价格变动和对中国的影响以及大宗商品的国际定价权问题。王万山通过对大豆贸易的研究认为：我国大豆国际定价权的缺失主要是由于缺乏大豆贸易的定价中心，即由期货市场不发达、政府信息服务不到位、行业合作不力等因素造成的；卢锋等认为大宗资源性商品的价格波动对中国及全球经济系统提出了新的挑战，但本质上是伴随中国高速经济追赶阶段全过程的长期问题，其未来的调整方式可能有多样化和长期性等特点，但他们同时也强调

第十一章 中国农产品期货市场国际定价权缺失的经济学分析

发挥市场机制的作用来解决这个问题；唐衍伟认为期货市场在大宗商品国际定价权中具有核心作用，并具体探讨了中国参与争夺大宗商品国际定价权的相关策略问题。

从以上研究中我们不难发现：大宗商品的国际定价权是个较为复杂的问题，它不仅受供求因素影响而且还受产地、跨国公司、汇率、期货市场及政治等因素的影响，同时不容置疑的是，在一些大宗商品的定价权方面，期货市场的确发挥着重要作用。上述研究虽然都提出了这个观点，但一个共同点是缺乏对期货市场在国际定价权方面的深入分析，如期货市场定价的理论依据及获取定价权所需具备的条件等，下文试从这些角度入手探讨我国农产品期货市场争夺大宗农产品的国际定价权方面的相关问题。

第三节 我国农产品国际定价权的现状

商品的定价权是指由谁来决定商品进出口贸易的价格，其内容主要包括贸易双方所决定或参考的基准价格以及在商品交易中潜在的或普遍认可的定价规则两个方面。商品的定价权从本质上说属于国际规则的制定权，只是后者包括的范围更广而已。和广义的国际规则一样，由掌控商品价格制定权者所决定的商品价格具有明显的"非中性"，即同一价格对不同个人或不同国家人民的福利带来的影响是不同的。在现行的国际定价体制下，大宗商品的定价机制对我国显然是不利的。以农产品为例，我国是众多大宗农产品的生产、消费和贸易大国，如我国的小麦、稻米、玉米、大豆、棉花等的生产和消费量均居世界前列；农产品进口总额从2001年的118亿美元增加到2010年的719亿美元，年均增幅达22.2%。农产品进口弥补了国内农产品供需缺口，缓解了我国农业资源紧张的压力,为确保主要农产品的有效供给发挥了积极作用。与此同时,我国农业与世界市场的关联程度日益增强。表 11-1 显示,我国农业贸易依存度由 2001 年的 15%,增长到 2010 年的 19.7%。虽然 2010 年我国农产品出口贸易依存度只有 8%(美国 41.1%、欧盟 34%、俄罗斯 36%,农产品出口占主导地位的加拿大、澳大利亚、巴西和泰国等,农业贸易依存度则高达 99% 以上),但农产品进口依存度日益提高,由 2001 年的 6.4% 上升到 2010 年的 11.8%。其中,油菜籽、棉花等资源性产品进口大幅增长,对国际市场的依存度明显提高[①]。

表 11-1　1992~2010 年中国农产品贸易情况

类　别	1992	1995	2000	2001	2005	2010
农业增加值*（10 亿美元）	105.3	143.6	176.7	186.1	281.6	611.7
农产品出口（10 亿美元）	11.30	14.40	15.60	16.10	27.60	48.9
农产品进口（10 亿美元）	5.30	12.20	11.20	11.80	28.70	71.9
农产品净出口（10 亿美元）	6.00	2.20	4.40	4.30	-1.10	-23.04
农产品出口依存度（%）	10.8	10.0	8.8	8.7	9.8	8.0
农产品进口依存度（%）	5.0	8.5	6.3	6.4	10.2	11.8
农产品贸易依存度**（%）	15.8	18.5	15.2	15.0	20.0	19.7

*指按现价人民币对美元官方汇率计算。
**指农产品进出口贸易额占农业增加值的比例。
注:农产品按"世贸组织定义+水产品"(即食品+农业原料)统计。
资料来源:海关总署《中国海关统计》,国家统计局《中国统计年鉴》历年各期。

目前,我国的大豆、天然橡胶、棉花等的进口量均居世界第一位。我国应该对这些大宗农产品的价格具有较大的影响力,遗憾的是,我国的影响力目前还仅仅体现在需求方面,而对这些商品的定价基本上没有话语权,我国目前还只能被动地接受国际市

---

① 程国强:《我国农业对外开放的影响与启示》,www.drcnet.com.cn/www/integrated。

第十一章 中国农产品期货市场国际定价权缺失的经济学分析

场的价格。当市场投机严重,农产品价格被人为地抬高时,我国的相关厂商、消费者往往会遭受重大损失。

表11-2　2006~2007年我国部分农产品进口统计

单位 年份 商品名称	2006 数量（万吨）	2006 金额（万美元）	2007 数量（万吨）	2007 金额（万美元）	与上年同期相比 数量占比（%）	与上年同期相比 金额占比（%）
谷物及谷物粉	358	83865	571	152726	59.49	82.11
大豆	2824	748887	5480	2508123	94.05	234.91
食用植物油	669	315092	687	602672	2.69	91.27
棉花	364	486841	284	565586	-21.98	16.17
天然橡胶	161	302932	186	566688	15.53	87.07
食糖	135	54867	177	90578	31.11	65.09

资料来源:根据《中国贸易外经统计年鉴》(2008)的数据计算得出。

从表11-2中我们可以看出:2007年与2006年同期相比,我国谷物及谷物粉、大豆、食用植物油、棉花、天然橡胶、食糖等大宗农产品进口金额增幅均超过进口数量增幅,如谷物及谷物粉2007年比2006年同期的进口数量增加59.49%的情况下,进口金额却增加了82.11%;大豆、食用植物油及天然橡胶2007年比2006年同期的进口数量分别增长了94.05%、2.69%、15.53%,但进口金额却分别增长了234.91%、91.27%、87.07%;棉花2007年比2006年同期的进口数量下降了21.98%,但进口金额增长了16.17%。即使考虑到通货膨胀的因素,有些品种如大豆的进口金额增加也大大超过其进口数量的增加。

就单个品种的情况看,我国的情况同样不容乐观。以大豆为例(见表11-3),为满足国内不断增长的植物油以及饲料需求,我国大豆进口从2001年的1038.5万吨,增加到2010年的5480万吨,年均增长20.3%,占国内大豆消费量的84.1%,相当于世界大豆进口总量的61.4%,是世界上最大的大豆进口国。

从绝对量上看,与 2003 年相比,2004 年我国大豆的进口数量下降了 51 万吨,但进口金额增长了 155917 万美元;2007 年与 2006 年相比,进口数量增加了 258 万吨,但进口金额却猛增了 398330 万美元。从相对量上看,2004 年我国大豆进口数量同比下降了 2.5%,进口金额同比增长了 28.8%;2007 年我国大豆进口数量同比增长了 9.1%,进口金额却同比增长了 53.2%。虽然 2005 年、2006 年的进口数量增幅均超过进口金额增幅,而 2006 年与 2005 年相比,进口的绝对量增加了 165 万吨,相对量增加了 6.2%,但进口金额的绝对额下降了 28992 万美元,相对额下降了 3.7%;2008 年大豆进口数量增加了 21.5%,但出口金额却增加了 90.1%;2010 年大豆进口量比 2009 年增加了 28.8%,但进口金额却增加了 33.5%,超过进口数量增加的比例(见表 11 - 4)。

表 11 - 3 1995 ~ 2010 年中国大豆进口量统计

单位:万吨,%

年份 类别	1995	2000	2001	2005	2010
中国大豆进口量	79.5	1324.5	1038.5	2831.7	5480
占全球进口量	2	25.0	19.1	44.2	61.4
占国内消费量	5.6	55.3	37.2	64.8	84.1

注:中国自 1996 年取消大豆进口配额管理措施,实行 3% 的单一进口税率。
资料来源:中国海关总署《中国海关统计》,国家统计局《中国统计年鉴》;FAO,www.fao.org。

表 11 - 4 2003 ~ 2010 年中国大豆年进出口贸易统计

年 份	进口数量 (万吨)	进口数量 同比增长(%)	进口金额 (万美元)	进口金额 同比增长(%)
2003	2074	83.3	542000	118.2
2004	2023	-2.5	697917	28.8

第十一章 中国农产品期货市场国际定价权缺失的经济学分析

续表

年 份	进口数量 （万吨）	进口数量 同比增长（%）	进口金额 （万美元）	进口金额 同比增长（%）
2005	2659	31.4	777879	11.4
2006	2824	6.2	748887	-3.7
2007	3082	9.1	1147217	53.2
2008	3744	21.5	2181265	90.1
2009	4255	13.6	1878728	-13.9
2010	5480	28.8	2508123	33.5

资料来源：根据《中国贸易外经统计年鉴》（2004～2008年）的数据计算得出。

总的来看，我国在大豆进口中的损失远大于所得，其中的原因是：我国虽是大豆的主要生产国和消费国，却并不掌握国际大豆市场的定价权，目前美国垄断了国际大豆市场90%以上的贸易份额，美国掌握着国际大豆市场的定价权。近年来，我国对大豆的需求量逐年增加，对外依存度也在不断增加，由于不掌握大豆的国际定价权，我国大豆的贸易安全乃至整个大豆产业已经受到严重影响。据海关数据显示，2009年上半年我国大豆进口达2209万吨，同比增长28.2%，其中70%来自美国。目前我国大豆加工、流通行业中70%左右的企业均被跨国公司控制，通过对加工、流通等行业的控制，跨国公司进而控制了上游的大豆种植业，可以说，我国的大豆产业已整体陷落。2008年是我国农产品加工、流通领域对外资限制的最后一年，目前，跨国公司正向其他领域扩张，如果我国不尽快采取措施争夺农产品的国际定价权，发生在大豆产业上的事情同样会在其他领域中上演，届时将会直接威胁我国的粮食安全。因此，对我国来说，争夺大宗农产品的国际定价权已刻不容缓。

期货市场是形成大宗商品基准价格的中心，即定价中心，但并不意味着具有价格发现功能的期货市场就能成为商品的定价中心。全世界目前有100多家期货交易所，但公认的定价中心只有几个，目前我国农产品期货市场显然不拥有国际定价的话语权。造成这种状况的根本原因在于我国的整体实力还不足以获得这些产品的国际定价权，但期货市场自身的原因也同样不可忽视，如国际化程度较低、交易规模较小以及参与者较少等。

第四节 期货市场决定大宗商品定价权的依据及必要条件

一般来说，国际大宗商品交易主要有3种类型：即现货交易、远期合同交易和期货交易。现货交易是最传统的商品交易方式，形象地说即"一手交钱，一手交货"；远期合同交易就是买卖双方约定在未来的一段时期内以固定的价格进行交易，这种交易形式可以使交易双方在一定程度上规避价格波动风险，并有长期合同作为法律保障；期货交易是指交易双方以商品期货价格作为基准价格或权威价格，并根据一定的升贴水幅度确定商品最终交易价格的一种交易形式。目前，现货交易在国际大宗商品交易中已不多见，后两种交易方式被较多地使用。

国际市场商品价格的形成方式主要有2种：一是对于有成熟期货品种和发达期货市场的产品来说，其价格基本上由最著名的期货交易所决定；二是对尚未得到广泛认可的期货品种和期货市场的商品来说，其价格基本上由市场上的主要买卖双方谈判达成，大多采取远期合同的交易方式。由于目前大宗商品大多在期货交易所上市，是较为成熟的期货品种，故其价格多由期货市场决定。目前，多数大宗商品都已形成自己的定价中心，如在农产品交易中，以芝加哥期货交易所（CBOT）的农产品价格作为基准价格；有色金属交易以英国伦敦金属交易所（LME）的价格为定价基准；

第十一章　中国农产品期货市场国际定价权缺失的经济学分析

原油价格参考纽约商业交易所（NYMEX）的价格；燃料油的价格以新加坡普氏公开市场价格（PLATT）为准等。

如上所述，期货市场是形成大宗商品基准价格的中心，即定价中心。其基本原理在于：期货市场具有价格发现的功能。价格发现一般是指在期货市场中通过公开、公正、公平、高效、竞争的期货交易机制，形成具有真实性、预期性、权威性和连续性期货价格的过程。它是借助于期货交易这种完全由供求法则决定的有组织的市场形态实现的，期货市场为期货合约的买方和卖方提供了一个持续评估影响商品供需因素及其他市场指标的场所，基于对目前市场信息和未来价格走势的分析来实现交易并发现价格。和没有期货市场的时候相比，这种价格发现比人们对未来价格的习惯性判断已经有了质的变化，以前，多数人都是依据过去的经验来判断未来，通常又是过去的经验主宰着他们的判断。因此，每个人，包括试图决定用其土地种植大豆或是玉米的农民，都可能将过去一年存在的价格模式反映到未来。

期货市场具有价格发现的功能，其原因在于：首先，期货市场中参与者众多，成千上万的生产者、加工者、销售者、进出口商及投机者汇聚到这个市场，众多的买家和卖家聚集在一起竞争，能够在很大程度上代表供求双方的力量，从而有助于价格的形成；其次，期货市场中的交易者大多比较熟悉某种商品的行情，他们通常有广泛的信息渠道和较为丰富的经营知识以及一套科学的预测、分析方法，他们把各自的信息、方法和经验带到市场中，结合自己的预期利润、生产成本等对商品供需和价格走势进行分析、判断和预测，报出自己的理想价格，并与众多对手竞争，如此形成的期货价格实际上反映了大多数人的预测，因而比较能够代表供求变动趋势；再次，相对来说，期货市场的透明度更高，竞争公平化、公开化，有助于形成较为公正的价格。期货市场是集中的交易场所，通过交易者的自由报价、公开竞争，避免了现货交易中一对一的交易方式可能产生的欺诈或垄断行为，因此，期货市场发现的价格具有较高的权威性。

但具有价格发现功能的期货市场并不意味着都能成为定价中心，全世界目前有100多家期货交易所，但公认的定价中心只有几个，对于一个国家的期货市场来说若想获得商品的定价权则需满足一定的条件。

从广义的角度看，拥有定价权的期货市场一定要有较大的影响力和辐射力，其所发现的价格能被广泛接受而作为定价基准，而做到这一点需要一系列条件。

——期货市场价格发现的有效性。即该期货市场所发现的期货价格应是对现货价格的无偏估计，只有期货价格是有效的，人们才可能将其作为定价基准。反之，如果期货价格是无效的，即其不能反映现货价格的未来走势，以其作为生产经营的指导只能导致社会资源的浪费，也会给市场参与者带来损失（当然会给部分参与者如投机者带来收益）。这样的期货市场不可能成为定价中心。

——期货市场需具备较大的规模，在世界范围内占有较大的市场份额。市场的影响力是与规模密切相关的，只有具备相应的规模，在整个市场中占有较大的市场份额，才会有较大的影响力和辐射力。反之，市场规模过小必然无法容纳较多的资金、品种及参与者，影响力必然较小，其所发现的价格的权威性会受到极大限制。

——期货市场参与者的广泛性。一个期货市场若想成为定价中心必须有广泛的参与者，这是保证其价格发现有效性和较大市场规模的基础。如果参与者过少，市场规模必然较小，市场流动性不足，就会影响其价格发现的有效性。

第十一章 中国农产品期货市场国际定价权缺失的经济学分析

——期货市场的国际化程度。一个国家的期货市场若想获取大宗商品的定价权，则必须实现国际化，包括交易规则、参与主体等的国际化，只有实现了国际化的期货市场才有可能吸引广泛的、不同国家的交易者，当这些交易者越来越多地、主动地以该国的期货价格作为其交易依据时，这个国家的期货市场就逐步获得了商品国际定价的话语权。

——完备的法律体系和诚信的市场环境。法律及监管体系是保障市场运行的基础，诚信的市场环境是吸引参与者的必备条件，一个期货市场若想成为定价中心必须完备其法制、规范其市场。

第五节 我国农产品期货市场定价权缺失的原因分析

第一，近年来我国农产品期货市场价格发现的效率明显提高，但从总体上看，不成熟的期货市场导致我国期货价格的有效性受到限制。

应该说，近年来我国期货市场价格发现的功能逐步显现，在一些市场化程度较高的品种如大豆等价格发现上的效率明显提高，与现货市场价格和国际市场价格均具有较高的相关性。目前，我国大连商品交易所的大豆期货价格与国际主要期货交易所及国际现货市场的大豆价格之间表现出很强的正相关性。据统计，2008年大连大豆期货价格与芝加哥商业交易所（CME）大豆期货价格以及美国、阿根廷和巴西的大豆现货价格具有高度相关性，相关系数分别为0.9732、0.9568、0.9579、0.9039（东京谷物交易所大豆期货由于活跃度不足，所以各地与其相关系数均相对偏小）。

另外，近年来，通过不断完善合约规则、增强市场流动性，郑州商品交易所各品种期货价格的有效性也在不断提高，"郑州价格"已经成为国内外关注我国农产品市场供需形势的重要窗口，成为世界棉花和白糖等领域的主要参考价格之一。

　　虽然近年来我国期货市场逐渐步入健康的发展轨道，但和发达国家的期货市场相比，我国的期货市场远非成熟。目前，除了市场化程度较高的大豆以外，其他品种的价格发现的有效性受到极大的限制，相关的实证研究表明，我国的小麦价格发现就远非是有效的。其背后的原因可能与政府对相关品种的价格干预有关，出于国家粮食安全的考虑，国家对小麦、稻谷、玉米等品种采取了保护价收购制度，此举虽然在一定程度上保证了农民的利益与生产积极性，但这种保护价制度直接影响了期货市场功能的发挥。

　　第二，我国农产品期货市场近年来发展迅速，规模不断扩大，但上市品种少，导致我国农产品期货市场的影响力和辐射力较小，无法获取相关品种的定价权。

　　进入21世纪以来，我国期货市场包括农产品期货市场发展迅速，交易量和交易额都在逐年攀升。2008年，我国已跃居全球农产品期货成交量第一大国，2010年我国期货市场的总交易量达313352.93万手，其中农产品期货市场各品种的交易量增长迅速。但我国农产品期货市场中上市品种较少，至今，我国期货市场总共有23个品种，农产品期货有13个，而世界上100多家交易所有近1000个品种，仅商品期货就有近300个品种在交易，如芝加哥期货交易所每45天就会上市一个新品种。在这方面，虽然我国是众多大宗商品的生产和消费国，但上市品种较少，这直接导致我国期货市场容量小、规模小。随着我国市场化进程的推进，大多数农产品的价格已由市场调节，相关的生产经营者急需转移价格风险的工具，需要以期货价格指导现货的生产经营，这些品种迟迟无法上市的原因在体制方面，在上市期货品种方面，我国依然沿袭了计划经济体制的那一套做法，实行行政审批制，上市一个

第十一章 中国农产品期货市场国际定价权缺失的经济学分析

新品种需要众多部门的审批,这种烦琐的程序导致我国期货市场品种创新极慢,而且容易错失时机,同时也导致我国具有优势的品种根本没有争夺国际定价权的资格与机会。

期货市场的上市品种少也是导致市场规模小的一个直接原因,一个品种的规模毕竟是有限的,而且每个品种都有行情看淡的时候,这时资金需要转移方向或目标,市场中品种过少极易导致有限的资金流出这个市场,例如我国江浙系资金大量涌入国外期货市场,其规模远超过国内期货市场的规模就充分说明了这一点,如果我国期货市场中有较多的上市品种,这些资金就可以选择留在国内市场。

第三,我国农产品期货市场参与主体不足、结构不合理导致无力争夺国际定价权。

由于期货市场在我国发展的时间不长,人们对其认识不够深入,加上现实因素的制约及政策的限制等,我国农产品期货市场参与主体不足,参与主体的结构也不尽合理。首先,由于我国的农业经营规模小,作为生产者主体的农户不具备直接参与期货市场的条件,而我国农业合作组织的发育滞后也导致我国农民缺乏利用期货市场的途径。其次,企业本应是参与期货市场的重要主体,但由于体制方面的限制,我国的国有企业参与期货市场的动机等方面的激励不足,同时也受到政策方面的诸多限制。民营企业出于实力弱小、认识不足及相关人才缺乏等原因,参与期货市场的也较少。再次,从参与者的结构看,我国的期货市场长期以来以个人投资者为主,机构投资者严重缺乏,这导致期货市场功能的发挥受到限制,同时,以个人投资者为主体的期货市场的稳定性必然较差,这主要由相关的政策限制所致,如金融机构本应是期货市场中重要的机构投资者,但在我国,银行等金融机构却被限制在期货市场以外。虽然,新的期货交易管理条例删去了禁止金融机构参与期货市场的条款,但这主要是针对未来的金融期货来说的,事实上,金融机构参与商品期货市场仍然受到严格限制。最后,期货经纪公司本应在期货市场中起着关键乃至核心的作用,但目前我国的期货公司总体上实力弱小,且其业务被严格限制在经纪业务上,不允许从事自营及其他业务,这导致经纪公司之间的过度竞争,而且很难扩大规模,严格的政策限制了其经营能力、拓展市场能力的发挥,也使得期货投资基金难以运作。

第四,国际化程度较低。

获得期货市场国际定价权的必要条件之一就是必须与国际接轨,而我国的期货市场目前尚未对外开放,这主要体现在:相关交易规则与国际惯例不符;期货市场使用人民币报价使我国的期货市场在国际上的可接受性大打折扣;国外的投资者无法进入我国期货市场交易。这些都导致我国农产品期货市场国际定价话语权的缺失。

第五,不完善的法律体系、市场环境亟待改善。

目前,在期货领域我国尚没有一部正式的法律来规范市场的运作,业界千呼万唤的《期货法》一直未能出台,只有一部《期货交易管理暂行条例》来指导市场运作。法律的缺失使得这个市场的合法性和合理性都受到严重质疑,另外,我国整体的市场秩序还较为混乱,诚信的市场环境无法确立,这些都严重影响我国农产品期货市场获得相关产品的国际定价权。

第六节 我国农产品期货市场争夺国际定价权的政策建议

第一,加快品种创新机制建设,放宽相关的政策限制,创新组织形式以吸引更多的参与者进入期货市场,以扩大期货市场交

第十一章 中国农产品期货市场国际定价权缺失的经济学分析

易规模,提高我国农产品期货市场的占有份额。

除现有的品种外,加强新品种的开发,除上市国际上较为成熟的品种外,也要注重开发本土期货品种,上市一些我国具有优势的品种对获取这些产品的定价权无疑更为容易,如畜产品中的生猪、鸡、牛等,农产品中的花生,果蔬中的苹果汁、橙汁等。更为重要的是要尽快改革现有的品种上市机制,借鉴国外的经验,变审批制为核准制,加快相关品种的期权上市步伐,相对于期货,期权在产品的定价方面更有优势,而且其独特的交易机制也会吸引更多的参与者。

除上市新品种外,为提高期货市场的影响力和辐射力,吸引广泛的市场参与者是必由之路。在我国的农产品期货市场中,作为生产者的广大农民的参与是市场发展的基础。因此,应变革我国目前的农业经营方式,大力发展订单农业、农民合作组织等,引领农民参与期货市场。在企业参与方面,应进一步深化国有企业的体制改革,放开对国有企业参与期货市场的限制;在民营企业参与期货市场方面,应加大宣传和培训力度,使企业深刻理解期货市场的作用,加大对其员工的培训力度,突破其参与期货市场的人才瓶颈;在期货经纪公司的发展方面,应扶持其发展壮大,允许其自营业务的开展,允许其设立期货投资基金;在金融机构参与期货市场方面,应鼓励金融机构向参与期货市场的相关企业发放贷款(在一定条件下,如企业出于经营需要,参与期货市场是为了保值而不是投机),逐步允许金融机构作为一个机构投资者进入期货市场。

第二,促进我国农产品期货市场的对外开放,加快其国际化步伐。

首先,借鉴国际上成熟的期货市场的规则制度,使我国期货市场的规则与国际接轨。其次,引入境外投资者,可考虑运用

QFII的形式,增强我国期货市场的影响力和辐射力,以利于争夺国际定价的话语权。

第三,加快相关立法,规范市场环境。

我国应尽快推出《期货法》,这是保障市场运行的基础,并有助于培育市场诚信的环境。

由于这些方面并非短时期能够完善和解决,我国争夺农产品国际定价权的过程注定是一个漫长的过程,但我们必须重视并努力创造相关的环境和条件,随着我国期货市场规模的扩大,市场份额的提高,加之我国雄厚的现货市场基础,在未来可以预见的时期内,我国一定能够拥有相关大宗农产品国际定价的话语权。

本书结论

期货市场具有风险规避和价格发现功能,在推动农业适度规模经营、调整优化农业结构、推动农业标准化、提高农业产业化和农民组织化水平、提高农民收入、培育新型农民、提高涉农企业的经营管理水平等方面能够发挥重要作用,有助于促进农业发展,推动农业现代化的实现。

中国农产品期货市场经过约二十年,尤其是21世纪以来的发展,在上市品种、交易规模、功能发挥等方面取得了长足进步,影响力显著增强,在促进农业发展方面的作用初步得到发挥。

但和发达国家以及和我国实际需求相比,我国农产品期货市场发育明显滞后,其背后的原因主要有现货市场发育滞后、改革不到位、农民合作组织不健全等。值得关注的一个重大问题是,在中国农产品期货市场发展过程中始终存在的问题是套期保值主体不足,尤其是生产者缺位的问题,即在中国农产品期货市场中很少能见到农民及其代理人的身影,这严重影响了期货功能的发挥。这是因为农民参与期货交易的成本远大于收益,如果参与期货交易的成本可由相应的收益补偿,那么生产者就会选择参与期货交易。显然,既然生产者选择不参与期货交易,这就意味着参与期货交易获得的收益无法补偿交易成本,交易成本过高应是造成我国期货市场生产者缺位的主要原因。目前，我国农户无论是直接参与、通过"企业+农户"参与或农民合作组织参与期货市场都存在一些障碍。那么，对于生产者而言，其理性选择就是不参与期货市场。交易成本的高低是取决于投入产出的物质属性不同、制度安排不同以及合约规定所付出的执行与谈判努力不同，同时也取决于其他因素，如参加者的人数与交易量、价格的变化和创新等。我国农户在参与期货交易过程中交易成本之所以高是和我国的农业经营方式紧密相关的。

现代意义上的期货交易起始于美国的芝加哥，虽然美国农业也是以家庭经营为主，但由于其经营规模较大，且农场主是一种职业而非身份，其经营方式是标准的企业化经营，以追求利润最大化为目标，农场主会精确地计算其成本、收益等，农产品价格的变化对其影响很大，他们会去寻求规避风险的手段，于是他们也就有动力参与期货市场（不管是直接参与还是间接参与）。因此，美国农产品期货市场的成功是建立在大规模专业化农业和自由市场制度基础之上的，但这种成功并不具有可复制性，因为当期货交易制度移植到中国后，相应的基础及制度安排已经有了天壤之别。

中国农业经营方式是典型的小农分散经营，这种经营方式在中国历史悠久，是传统中国取得辉煌成就的基础。我国农业属于超小规模，这种经营方式带有很强的生存经济特征，小农户很少进行精确的成本收益核算，似乎也没有这个必要，这种特征使其对农产品价格的变化并不敏感。随着工业化、城镇化的推进，非农就业机会日益增多，这种状况进一步加剧。

综上所述，小规模分散经营的农业经营方式是导致我国农产品期货市场功能受阻、发展滞后的主要原因。若想更好地发挥农产品期货的功能，更好地服务于"三农"，促进农业现代化的实现，必须从转变农业经营方式入手。从现实角度出发，可从以下方面改进。

第一，推进农业适度规模经营。首先，培养一批专业化的"种养大户"，让其成为农产品期货市场的重要参与者。通过农村剩余劳动力转移、土地流转，使土地向种养能手集中，形成专业化、规模化种养，通过适当引导，这些"种养大户"将会成为农产品期货市场的重要参与者。其次，大力发展农民合作组织，凡是在人多地少的小农经济国家或地区，如东亚地区的日本、韩国和我国台湾地区，农民合作组织在维持农村秩序和组织农民进入市场方面都发挥着至关重要的作用。我国属于典型的小农经济国家，因此应大力扶持农民合作组织，促使其发展，农民合作组织将是大部分农户参与期货市场的主要途径。

第二，加强期货市场自身建设。首先，加大品种创新力度。继续推出新品种，如畜牧业的牛、猪、鸡等产品，果蔬业的苹果汁、橙汁等，林业的胶合板等，农资中的化肥，能规避自然风险的天气期货以及较为成熟品种的农产品期权等。其次，期货行业如期货交易所、期货经纪公司等应加强宣传力度，使社会公众对期货市场能有一个正确的认识，从而理性地对待期货市场。

第三，进一步推进农产品价格形成机制改革，逐步形成完善的农产品市场和价格决定机制。只有在价格的引导下，农民才会提高农业生产效率，扩大农业生产和供给能力，提高收入水平。

参考文献

一 英文文献

1. Alan J. Marcus; David M. Modest: Futures Markets and Production Decisions, *The Journal of Political Economy*, Vol. 92, No. 3. (Jun., 1984), pp. 409 – 426.

2. Barrett, G. W.: Landscape Ecology: Design Sustainable Agricultural Landscape, *Journal of Sustainable Agriculture*, Vol. 2, 1992, pp. 83 – 103.

3. Bina Agarwal: Agricultural Mechanization and Labor Use: A Disaggregated Approach, *International Labour Review*, Vol. 120, No. 1, 1981, pp. 115 – 127.

4. B. I. Shapiro; B. Wade Brorsen: Factors Affecting Farmers' Hedging Decisions, *North Central Journal of Agricultural Economics*, Vol. 10, No. 2. (Jul., 1988), pp. 145 – 153.

5. Blau, G.: Some Aspects of the Theory of Futures Trading, *Review of Economic Studies*, 1994 (12)。

6. Colin G. Brown, Scott A. Waldron & John W. Longworth:

Rural Development in China: Industry Policy, Regionalism, Integration and Scale, *International Journal of Social Economics*, Vol. 32, No. 1/2, 2005, pp. 17 - 33.

7. David J. Pannell: Economics, Extension and the Adoption of Land Conservation Innovations in Agriculture, *International Journal of Social Economics*, Vol. 26, No. 7/8/9, 1999, pp. 999 - 1012.

8. Dimitri Damianos & Nicholas Giannakopoulos: Farmers' Participation in Agri - environmental Schemes in Greece, *British Food Journal*, Vol. 104, No. 3/4/5, 2002, pp. 261 - 273.

9. Dwight H. Perkins: Centralization and Decentralization in Mainland China's Agriculture: 1949 - 1962, *The Quarterly Journal of Economics*, Vol. 78, No. 2, 1964, pp. 208 - 237.

10. Ferris, J., *Agricultural Prices and Commodity Market Analysis*, McGraw Hill, 1998.

11. GAO: Farmers Use of Risk Management Strategies, Report to the Ranking Minority Member Committee on Agriculture, *House of Representatives*, April, 1999.

12. G. Blaas, J. Varoščák: Slovak Agricultural Markets and Farm Income after the EU Accession, *Agriculture Economy*, Vol. 1, 2006, pp. 23 - 29.

13. George A. Dyer & J. Edward Taylor: Rethinking the Supply Response to Market Reforms in Agriculture: Household Heterogeneity in Village General Equilibrium Analysis from Mexico, *ARE Working Paper*, 2002.

14. Harvey Lapan; Giancarlo Moschini; Steven D. Hanson: Production, Hedging, and Speculative Decisions with Options and Futures Markets, *American Journal of Agricultural Economics*, Vol. 73, No. 1.

(Feb. , 1991), pp. 66 - 74.

15. Hoffman, G. W. : Futures Trading upon Organized Commodity Markets in the United States, Philadelphi, *Review of Economic Studies*, 1932 (12).

16. Jeffrey C. Williams: The Origin of Futures Markets, *Agricultural History*, Vol. 56, No. 1, Symposium on the History of Agricultural Trade and Marketing. (Jan. , 1982), pp. 306 - 316.

17. Jeffrey Williams, Anne Peck, Albert Park and Scott Rozelle: The Emergence of a Futures Market: Muggbeans on the China Zhengzhou Commodity Exchange, Nov, 1997.

18. Joseph Kiplang' at: An Analysis of the Opportunities for Information Technology in Improving Access, Transfer and the Use of Agricultural Information in the Rural Areas of Kenya, *Library Management*, Vol. 20, No. 2, 1999, pp. 115 - 127.

19. Keith Wiebe: *Land Quality, Agricultural Productivity and Food Security*, Edward Elgar Publishing Inc. , 2003.

20. Lester G. Telser: Why There are Organized Futures Markets, *Journal of Law and Economics*, Vol. 24, No. 1. (Apr. , 1981), pp. 1 - 22.

21. Loek F. M. Nieuwenhuis: Innovation and learning in Agriculture, *Journal of European Industry Training*, Vol. 26, No. 6, 2002, pp. 283 - 291.

22. Louis H. G. Slangen: The Economic Aspects of Environmental Co - operatives for Farmers, *International Journal of Social Economics*, Vol. 21, No. 9, 1994, pp. 42 - 59.

23. Sarahelen Thompson: Use of Futures Markets for Exports by Less Developed Countries, *American Journal of Agricultural Economics*,

Vol. 67, No. 5, Proceedings Issue. (Dec., 1985), pp. 986 – 991.

24. Stephen P. D. Arcy; Virginia Grace France: Catastrophe Futures: A Better Hedge for Insurers, *The Journal of Risk and Insurance*, Vol. 59, No. 4, Symposium on Insurance Futures. (Dec., 1992), pp. 575 – 600.

25. Working: Futures Trading and Hedging, *American Economics Review*, 1953a (43), 314 – 43; New Concepts Concerning Futures Markets, *American Economic Review*, 1962 (52), p440。

二 中文文献

1. R. H. 科斯:《社会成本问题》,载〔美〕K. 科斯、A 阿尔钦、D. 诺斯等著《财产权利与制度变迁——产权学派与新制度学派译文集》,上海三联书店、上海人民出版社,1994。

2. 蔡昉:《中国农村改革三十年——制度经济学的分析》,《中国社会科学》2008 年第 6 期。

3. 蔡昉、王德文、都阳:《中国农村改革与变迁——30 年历程和经验分析》,格致出版社,2008。

4. 蔡胜勋:《农产品期货的前置条件和制约因素》,《改革》2009 年第 1 期。

5. 蔡胜勋:《期货市场引导农业资源配置研究》,《农村经济》2007 年第 6 期。

6. 蔡胜勋:《我国农民利用农产品期货市场的再思考》,《河南大学学报(社会科学版)》2008 年第 3 期。

7. 蔡胜勋、秦敏花:《我国农民利用农产品期货市场的思考》,《农业现代化研究》2006 年第 11 期。

8. 曹利群:《资本的引入与农民专业合作社的发展》,《经济社会体制比较》2009 年第 4 期。

9. 曹利群、周立群：《对"市场＋农户"的理论研究》，《中国农村观察》2005年第3期。

10. 常清：《建立定价中心与期货市场的国际化》，《价格理论与实践》2006年第1期。

11. 陈昊、赵春明：《如何扭转"贸易大国"和"定价小国"并存的被动局面》，《红旗文稿》2007年第3期。

12. 陈吉元、彭建强、周文斌：《21世纪中国农业与农村经济》，河南人民出版社，2000。

13. 陈纪平：《家庭农场抑或企业化——中国农业生产组织的理论与实证分析》，《经济学家》2008年第3期。

14. 陈印军、吴凯等：《黄河流域农业生产现状及其结构调整》，《地理科学进展》2005年第4期。

15. 陈雨生、方天堃、房瑞景：《如何逐步利用期货市场规避玉米生产者市场风险》，《农业经济》2007年第5期。

16. 崔迎秋：《稳步发展我国期货市场的建议》，《宏观经济管理》2006年第6期。

17. 大连商品交易所网站。

18. 〔德〕鲁道夫·希法亭：《金融资本》，福民等译，商务印书馆，2005。

19. 丁楠：《期货合作社——基于订单农业的新型农民合作组织设计》，《中国证券期货》2007年第4期。

20. 董正华：《关于现代农业发展的两个理论问题》，《马克思主义与现实》2006年第1期。

21. 杜吟棠：《农业产业化经营和农民组织创新对农民收入的影响》，《中国农村观察》2006年第7期。

22. 〔俄〕恰亚诺夫：《农民经济组织》，萧正洪译，中央编译出版社，1996。

23. 〔法〕H. 孟德拉斯:《农民的终结》,李培林译,社会科学文献出版社,2010。

24. 范亚东、丁晓枫、王洪昌:《影响我国农产品期货市场发育的深层原因》,《农场经济管理》1999 年第 1 期。

25. 房瑞景、崔振东、周腰华、陈雨生:《中美玉米期货市场价格发现功能的实证研究》,《价格月刊》2007 年第 12 期。

26. 甘爱平、王胜英、张丽:《农产品期货市场与新农村建设的现代化》,《当代经济研究》2007 年第 5 期。

27. 高峰、杨国强、王学真:《农业产业集群对农业结构调整的作用及启示———基于寿光蔬菜产业集群的分析》,《经济问题》2007 年第 8 期。

28. 高伟:《推进我国农产品期货市场的发展》,《中国证券期货》2007 年第 7 期。

29. 高伟:《稳步推进我国农产品期货市场发展》,《宏观经济管理》2007 年第 10 期。

30. 高志杰、罗剑朝:《发达国家农产品期权市场发展规律及其启示》,《经济问题探索》2006 年第 11 期。

31. 郜亮亮、黄季焜:《不同类型流转农地与农户投资的关系分析》,《中国农村经济》2011 年第 4 期。

32. 辜胜阻:《用农产品期市破解农业深层矛盾》,《中国经济时报》2007 年 10 月 10 日。

33. 郭红东、蒋文华:《"行业协会+公司+合作社+专业农户"订单模式的实践与启示》,《中国农村经济》2007 年第 4 期。

34. 郭科:《利用期货市场保证我国订单农业的健康发展》,《经济纵横》2004 年第 6 期。

35. 郭科:《中国农产品期货市场功能与作用研究》,中国农业科学院博士论文,2004。

36. 郭庆海：《我国农民合作经济组织产业分布差异解析》，《农业经济问题》2007年第4期。

37. 郭晓鸣、廖祖君、付娆：《龙头企业带动型、中介组织联动型和合作社一体化三种农业产业化模式的比较——基于制度经济学视角的分析》，《中国农村经济》2007年第4期。

38. 国鲁来：《农民合作组织发展的促进政策分析》，《中国农村经济》2006年第6期。

39. 何嗣江、滕添：《订单农业风险管理与农民专业合作经济组织创新》，《浙江社会科学》2007年第6期。

40. 胡景北：《农业土地制度和经济发展机制：对二十世纪中国经济史的一种理解》，《经济学季刊》2002年第2期。

41. 黄宗智：《制度化了的"半工半耕"过密型农业》，《读书》2006年第2期、第3期。

42. 黄宗智、彭玉生：《三大历史性变迁的交汇与中国小规模农业的前景》，《中国社会科学》2007年第4期。

43. 黄祖辉：《从不完全合约看农业产业化经营的组织方式》，《农业经济问题》2002年第3期。

44. 姜广东：《农业经济组织形式的选择和政府政策》，《财经问题研究》2009年第9期。

45. 蒋舒、吴冲锋：《中国期货市场的有效性：过度反应和国内外市场关联的视角》，《金融研究》2007年第2期。

46. 荆林波：《现货市场发育与期货市场发展的相关性——中国农产品期货发展有关问题的探讨》，《中国农村经济》1999年第6期。

47. 李国祥：《农业结构调整对农民增收的效应分析》，《中国农村经济》2005年第5期。

48. 李建中、方明：《我国当前农业经营方式的缺陷与改革模式》,《农业经济问题》2006年第12期。

49. 李添、王忻、郭作北:《吉林省农民专业合作经济组织发展情况的调查与思考》,《调研世界》2006年第7期。

50. 刘芬华:《究竟是什么因素阻碍了中国农地流转——基于农地控制权偏好的制度解析及政策含义》,《经济社会体制比较》2011年第2期。

51. 刘凤军、刘勇:《期货价格和现货价格波动关系的实证研究——以农产品大豆为例》,《财贸经济》2006年第8期。

52. 刘凤芹:《不完全合约和履约障碍——以订单农业为例》,《经济研究》2003年第4期。

53. 刘庆富、王海民:《期货市场与现货市场之间的价格研究——中国农产品市场的经验》,《财经问题研究》2006年第4期。

54. 刘庆富、张金清:《我国农产品期货市场的价格发现功能研究》,《产业经济研究》2006年第1期。

55. 刘岩:《期货市场服务"三农"中的"公司+农户"模式研究》,《经济与管理研究》2008年第4期。

56. 刘岩:《中美农户对期货市场利用程度的比较与分析》,《财经问题研究》2008年第5期。

57. 刘岩、于左:《美国利用期货市场进行农产品价格风险管理的经验及借鉴》,《中国农村经济》2008年第5期。

58. 龙方:《论信息与农业结构调整》,《湖南农业大学学报(社会科学版)》2005年第2期。

59. 卢布、陈印军、吴凯:《我国农业结构现状及未来变化趋势研究》,《农业技术经济》2005年第2期。

60. 卢荣善:《农业现代化的本质要求:农民从身份到职业的转化》,《经济学家》2006年第6期。

61. 吕东辉、杨印生、王巍:《美国农产品期货市场的发展及启示》,《经济纵横》2003年第6期。

62.〔美〕奥利弗·E. 威廉姆森:《资本主义经济制度》, 段毅才等译, 商务印书馆, 2002。

63.〔美〕黄宗智:《长江三角洲小农家庭与乡村发展》, 中华书局, 2000。

64.〔美〕黄宗智:《华北小农经济与社会变迁》, 中华书局, 1986。

65.〔美〕斯蒂格勒:《价格理论》, 李青原译, 商务印书馆, 1992。

66.〔美〕沃尔夫:《欧洲与没有历史的人民》, 赵丙祥等译, 上海人民出版社, 2006。

67.〔美〕西奥多·W. 舒尔茨:《改造传统农业》, 梁小民译, 商务印书馆, 2006。

68. 米运生、罗必良:《契约资本非对称性、交易形式反串与价值链的收益分配: 以"公司+农户"的温氏模式为例》,《中国农村经济》2009年第8期。

69. 秦敏华:《期货市场在农业现代化进程中的作用研究》,《科技与经济》2012年第4期。

70. 秦中春:《农民专业合作社制度创新的一种选择——基于苏州市古尚锦碧螺春茶叶合作社改制的调查》,《中国农村经济》2007年第7期。

71. 曲立峰:《中国农产品期货市场发展研究》, 中国社会科学出版社, 2004。

72.〔日〕速水佑次郎、〔美〕弗农·拉坦:《农业发展的国际分析》, 郭熙保、张进铭等译, 中国社会科学出版社, 2000。

73. 上海期货交易所网站。

74. 生秀东:《订单农业的契约困境和组织形式的演进》,《中国农村经济》2007年第12期。

75. 史美兰：《农业现代化：发展的国际比较》，民族出版社，2006。

76. 宋洪远等：《改革以来中国农业和农村经济政策的演变》，中国经济出版社，2000。

77. 宋明顺、王晓军、方兴华：《标准化在农业合作经营中的作用分析——以浙江省为例》，《农业经济问题》2007年第4期。

78. 宋则：《市场变异是破坏社会和谐的总根源——兼论一种"改革悖论"》，《经济体制改革》2007年第6期。

79. 苏旭霞、王秀清：《农用地细碎化与农户粮食生产——以山东省莱西市为例的分析》，《中国农村经济》2002年第4期。

80. 唐衍伟等：《中国对大宗商品国际定价权的缺失与防范》，《统计与决策》2006年第9期。

81. 陶琲、李经谋等：《中国期货市场理论问题研究》，中国财政经济出版社，1997。

82. 庹国柱、李军：《我国农业保险试验的矛盾及出路》，《首都经济贸易大学学报》2003年第4期。

83. 万俊毅：《"公司+农户"的组织制度变迁：诱致抑或强制》，《改革》2009年第1期。

84. 汪五一、刘明星：《目前我国期货市场发展中的问题及解决建议》，《经济管理》2006年第10期。

85. 王慧娟：《试论辽宁农业结构与布局调整》，《辽宁大学学报（哲学社会科学版）》2006年第4期。

86. 王克亚、刘婷、邹宇：《欠发达地区农户参与专业合作社意愿调查研究》，《经济纵横》2009年第7期。

87. 王赛德、潘瑞娇：《中国小麦期货市场效率协整检验》，《财贸研究》2004年第6期。

88. 王万山：《中国大豆贸易地位与国际定价权为何不对应》，《国际贸易》2007年第6期。

89. 王万山、伍世安：《我国争取大宗进口物资国际定价权的基本策略》，《贵州财经学院学报》2006年第5期。

90. 王小鲁：《中国粮食市场的波动与政府干预》，《经济学季刊》2001年第1期。

91. 王志刚、祝倩宜、郑适：《替代性小麦期货合约价格的相互影响机制：基于VECM的实证研究》，《农业技术经济》2007年第3期。

92. 温家宝：《以增加农民收入为目标，推进农业和农村经济结构的战略性调整》，《求是》2002年第3期。

93. 文贯中：《市场畸形发育、社会冲突与现行的土地制度》，《经济社会体制比较》2008年第2期。

94. 文贯中：《中国的疆域变化与走出农本社会的冲动——李约瑟之谜的经济地理学解析》，《经济学季刊》2005年第2期。

95. 文礼朋：《农业生产的特殊性与家庭自耕农场的生命力》，俞可平、李慎明、王伟光著《农业农民问题与新农村建设》，中央编译出版社，2006。

96. 吴玉督、任俊琦：《河南农业结构变动模式的实证分析》，《中州学刊》2007年第2期。

97. 向国成、韩绍凤：《分工与农业组织化演进：基于间接定价理论模型的分析》，《经济学季刊》2007年第2期。

98. 谢勇模：《期货合作社——农民避险增收的新模式》，《银行家》2006年第7期。

99. 熊万胜：《合作社：作为制度化进程的意外后果》，《社会学研究》2009年第5期。

100. 熊义杰：《中国农业经营方式问题》，西北大学出版社，2000。

101. 徐斌：《争取大宗商品国际定价权的经济学分析》，《中国物价》2007年第5期。

102. 徐欣：《农户对市场风险与农产品期货的认知及其影响因素分析——基于5省（市）328份农户问卷调查》，《中国农村经济》2010年第7期。

103. 徐欣、胡俞越、刘晓雪：《期货市场服务"三农"的总体构想与支撑条件》，《期货日报》2009年4月3日。

104. 杨晨辉、刘新梅、魏振祥：《我国农产品期货与现货市场之间的信息传递效应》，《系统工程》2011年第4期。

105. 杨小东：《农地承包制下农业经营组织的演进与绩效分析——一个制度经济学的视角》，《农业经济问题》2009年第8期。

106. 杨雪、乔娟：《中国农产品期货市场发展历程、现状及前景》，《农业展望》2008年第3期。

107. 姚传江、王凤海：《中国农产品期货市场效率实证分析：1998~2002》，《财经问题研究》2005年第1期。

108. 尹云松、高玉喜、糜仲春：《公司与农户间商品契约的类型及其稳定性考察》，《中国农村经济》2003年第8期。

109. 苑鹏：《中国市场化进程中的农民合作组织研究》，《中国社会科学》2001年第6期。

110. 张东风、傅强：《发展农业保险 服务社会主义新农村建设》，《保险研究》2007年第11期。

111. 张明林、黄国勤：《农业结构调整的经济学思考及分析》，《江西农业大学学报》2002年第2期。

112. 张培刚：《农业与工业化》，华中工学院出版社，1984。

113. 张树忠、李天忠、丁涛：《农产品期货价格指数与CPI关系的实证研究》，《金融研究》2006年第11期。

114. 张同龙：《"过密化"理论的经济学评析：宏观证据与微观行为》，《经济学季刊》2008年第2期。

115. 张五常：《交易费用、风险规避与合约安排的选择》，载〔美〕K. 科斯、A. 阿尔钦、D. 诺斯等著《财产权利与制度变迁——产权学派与新制度学派译文集》，上海三联书店、上海人民出版社，1994。

116. 张秀生：《农业经营方式创新与农民收入增长》，中国农业出版社，2008。

117. 张屹山、方毅、黄琨：《中国期货市场功能及国际影响的实证研究》，《管理世界》2006年第4期。

118. 郑州商品交易所网站。

119. 中国人民银行上饶中心支行课题组：《农村产业结构调整与政策性金融支持的理论及实证分析——农村产业与金融视角下的市场融资失灵和政策导向》，《金融研究》2006年第10期。

120. 中国证监会期货部、中国期货业协会：《中国期货市场发展研究报告》，中国财政经济出版社，2004。

121. 周立群、曹利群：《农村经济组织形态的演变与创新——山东省莱阳市农业产业化调查报告》，《经济研究》2001年第1期。

122. 周立群、曹利群：《商品契约优于要素契约——以农业产业化经营中的契约选择为例》，《经济研究》2002年第1期。

123. 周应恒、邹林刚：《中国大豆期货市场与国际大豆期货市场价格关系研究——基于VAR模型的实证分析》，《农业技术经济》2007年第1期。

124. 祝宏辉、王秀清：《新疆番茄产业中农户参与订单农业的影响因素分析》，《中国农村经济》2007年第7期。

后 记

本书是在我博士论文的基础上修改完成的,在博士论文答辩后,我对论文做了冷处理,并没有急着出版。选择"中国农产品期货市场发展路径研究"这个题目,本来是想探讨解决中国农产品期货市场长期以来存在的套期保值者不足,尤其是生产者主体缺位的问题,让作为农业生产者的农民能从农产品期货市场的发展中获得一些利益。作为生长在一个普通农民家庭的孩子,关注农民的利益是自然的,虽然由于本人研究水平和时间所限,大量资料来不及消化,使得本研究大打折扣,但让人欣慰的是毕竟算有了一个初步的成果,为今后的继续研究打下了基础。文中肯定存在许多不足和不完善之处,恳请各位师长、专家批评指正。

本文是在我尊敬的导师宋则研究员的悉心指导下完成的,从论文的选题、主要观点的形成,到论文的具体写作、修改与定稿,无不凝结着他的心血。宋则老师是我人生的楷模,其严谨的治学态度、诲人不倦的师德风范将使我终身受益!

在学习和论文的写作过程中,除了我的恩师外,荆林波研究员、温桂芳研究员、张群群研究员和王诚庆研究员等都给予了我巨大的帮助,他们严谨的治学态度和专业的学术思想将使我终身受益!

本文得以顺利完成也与同学、朋友的帮助是分不开的。在此我要真诚地感谢同窗好友吴新辉、成卓、李能、李明等,师弟王雪峰以及许多曾给予我帮助的人。

　　我还要感谢我的硕士导师耿明斋教授,他为我的学业和生活提供了巨大的帮助,对于他博大的胸怀我深感佩服。

　　在读博士期间,我的儿子蔡易辰出生了,他为全家带来了无尽的欢乐,但照顾孩子的任务是艰巨的,是母亲和妻子共同承担了这项本该由我承担一些的任务,对此我深感愧疚。

　　最后,感谢父亲和众多亲友一直以来对我的关心和支持!

图书在版编目(CIP)数据

中国农产品期货市场发展路径研究 / 蔡胜勋著.
—北京：社会科学文献出版社，2016.3
（传统农区工业化与社会转型丛书）
ISBN 978 - 7 - 5097 - 5827 - 4

Ⅰ.①中… Ⅱ.①蔡… Ⅲ.①农产品 - 期货市场 - 经济发展 - 研究 - 中国 Ⅳ.①F832.5

中国版本图书馆 CIP 数据核字（2014）第 058659 号

·传统农区工业化与社会转型丛书·
中国农产品期货市场发展路径研究

著　　者 / 蔡胜勋

出 版 人 / 谢寿光
项目统筹 / 邓泳红　桂　芳
责任编辑 / 桂　芳　陈晴钰

出　　版 / 社会科学文献出版社·皮书出版分社(010)59367127
　　　　　　地址：北京市北三环中路甲29号院华龙大厦　邮编：100029
　　　　　　网址：www.ssap.com.cn
发　　行 / 市场营销中心（010）59367081　59367018
印　　装 / 三河市尚艺印装有限公司

规　　格 / 开　本：787mm × 1092mm　1/16
　　　　　　印　张：15.75　字　数：197 千字
版　　次 / 2016 年 3 月第 1 版　2016 年 3 月第 1 次印刷
书　　号 / ISBN 978 - 7 - 5097 - 5827 - 4
定　　价 / 69.00 元

本书如有印装质量问题，请与读者服务中心（010 - 59367028）联系

▲ 版权所有 翻印必究